J. B Nordhoff

Altwestfalen

Volk, Land, Grenzen

J. B Nordhoff

Altwestfalen
Volk, Land, Grenzen

ISBN/EAN: 9783743375208

Hergestellt in Europa, USA, Kanada, Australien, Japan

Cover: Foto ©ninafisch / pixelio.de

Manufactured and distributed by brebook publishing software
(www.brebook.com)

J. B Nordhoff

Altwestfalen

Altwestfalen.

Volk, Land, Grenzen.

Der 53. Generalversammlung der Geschichts- und
Altertumsvereine gewidmet.

Von

Dr. J. B. Nordhoff,

Professor an der Kgl. Akademie zu Münster.

Münster i. W.

Druck und Verlag der Regensbergschen Buchhandlung.
1898.

Einleitung.

Altweftfalen umfaßte ein großes, an Ebenen und Thälern, Höhen und Bergen, an ergiebigen und schlechten Strichen höchst wechselvolles Land und wies unter seiner Bevölkerung neben den Sachsen auch jene urgeschichtlichen Stämme auf, welche dem gewaltigen Römerreiche die här- testen Schläge versetzt haben. Als es in die geschichtliche Zeit[1]) eintrat, haftete der Name an seinem allerdings be- deutenden Südwestreiche und erst im Laufe von Jahr- hunderten bezeichnete er das Gesammtland, auf der Ostseite meistens in willkürlicher Abgrenzung. Westfalen hatte wie wohl selten ein anderes Land das Geschick, daß seinem Namen bald ein volksthümlicher, bald ein politischer Cha- rakter zukam, jetzt zugehörige Gebiete entfremdet, dann wieder auswärtige untergeschoben sind. Kein Wunder, wenn man heute in weitesten Kreisen vom einstigen mittel- alterlichen Gesammt=Westfalen und seinem Umfange nur irrthümlichen oder höchst unsicheren Anschauungen begegnet.

---

[1]) Doch werden die Westfalen schon auf die Falchovarii der Notitia dignitatum zurückgeführt von G. Kossinna in Beiträgen zur Geschichte der deutschen Sprache und Litteratur (1895) XX, 299. Vgl. R. Much in der Zeitschrift für deutsches Altertum. (1896) 40, 295 f. Das Gesamt- land nicht, wohl aber zwei Völkerschaften, die ihnen später angehören, nämlich die Borthari (Bructerer) und Suduobi, falls diese für die Süd- (Sauer)länder anzusehen, werden von Papst Gregor III. 737—739 er- wähnt, als er sich in einem Sendschreiben, das zum Gehorsam gegen den Bischof Bonifacius mahnte, zuwandte universis optimatibus et populo provinciarum Germaniae, Thuringis et Hessis Bortharis et Nistresis (im Walbeck'schen), Wedreciis et Lognais, Suduodis et Graffeltis vel omnibus in orientali plaga constitutis. Ph. Jaffé's Bibliotheca rerum Germanicarum III, 101.

1*

Die 1815 gebildete Provinz, welche weit und breit für Altwestfalen durchgeht, begreift davon etwas mehr als die Hälfte und zudem im Süden noch ansehnliche Frankengebiete; das Königreich Westfalen von 1807 reichte nur über einen Oststrich bis zu den Emsquellen; auf den 1512/21 festgelegten Kreis[1a]) kam als Ostkern die Hauptmasse, nicht aber die weitgedehnten Südstriche; fast nur aus diesen bestand seit 1180 das Kölnische Herzogthum Westfalen, nämlich aus dem kirchkölnischen Sauerlande und dem Bisthum Paderborn[2]); das ursprüngliche Westfalen bildete von dem späteren großen Gesammtwestfalen einen bedeutenden Weststrich. Daneben erklangen bis in die Neuzeit für gewisse Bezirke noch Sondernamen.

I. Volk und Land.

In den furchtbaren Kriegen gegen Karl d. Gr. vertraten die Sachsen selten vereint ihr weitgedehntes Vaterland; in der Regel setzten ihre Hauptstämme gesondert[3]) Gut und Blut für ihre Selbstständigkeit, Religion und Lebensart ein, so die Westfalen, Engern, Ostfalen und (Nord-)Albinger. Zwar prägten sie damit mannhaft ihre Macht und ihr Selbstbewußtsein aus, verloren jedoch darüber die Stammesgemeinschaft und den ursprünglichen Verband nicht.

[1a]) R. Schröder, Lehrbuch der deutschen Rechtsgeschichte. 1898 S. 807 Taf. III.

[2]) H. Grauert, Herzogsgewalt in Westfalen. 1877. Th. Lindner, Die Veme 1888. S. 337 ff.

[3]) W. Kenzler in der Zeitschrift des historischen Vereins für Niedersachsen. 1870. S. 173.

Sachsen[4]) ſtieß im Süden und Weſten an Thüringen und Franken, im Norden an Friesland und das Meer, im Oſten an ſlaviſche Völker, und trug bald den Ehren- titel eines „Reiches"[5]), „weil es ein Paradies der Sicherheit und allen Ueberfluſſes war."[6]) Was hat es als Herzog- thum vermocht und erlitten! In den Kämpfen gegen Heinrich IV. wird das regnum Saxoniæ dem regnum Theutonicum entgegengeſtellt und nun vielleicht erſt ein Sonderſtreben, wovon eine zuverläſſige Schriftquelle des 10. Jahrhunderts noch Nichts weiß,[7]) wach gerufen.[8])

Auch, nachdem die Territorien entſtanden und das Herzogthum (1180) getheilt war, erhielt ſich in den Land- ſchaften noch mehrfach der alte Sachſenname[9]) und ge- radezu betonte man im Norden noch 1463 die Grenze „twyſſchen Freſen und Saſſen."[10])

* * *

---

[4]) Die Quellenberichte bei H. Böttger, Diözeſan- und Gaugrenzen Norddeutſchlands 1875. III. 5 ff. und bei H. Erhard, Regesta Historiae Westfaliae. 1847. I Nr. 102.

[5]) Regnum Saxoniae 839 in Monument. Germaniae Histor. SS. I 435; — regnum Saxonum. Translatio s. Viti c. 25.

[6]) Wie Heinrich II. es oft nannte. Thietmarus Merseburg„ Chro- nicon VI, 8. in Mon. Germ. Hist. SS. III, 807. Die Sachſen fühlten ſich ſo verbrüdert, daß noch 1065 der Corveier Mönch mit Entrüſtung die Niederlage der Angel-Sachſen durch Willehem basthard vermerkte. Nordhoff in den (Bonner) Jahrbüchern des Vereins von Altertumsfreunden im Rheinlande (1873) H. 53, 73.

[7]) Weſtfäliſches Urkundenbuch. Supplement, bearb. von W. Diekamp. 1890. Nr. 353.

[8]) Vgl. H. Kampſchulte, Beiträge zu einer Geſchichte der Beziehungen Weſtfalens zum deutſchen Reiche in der (Weſtfäliſchen) Zeitſchrift für Ge- ſchichte und Altertumskunde (1861) 21, 155, 157.

[9]) Ipsi Saxones, qui Anglorum socii fuerant. Translatio S. Viti c. 1.

[10]) J. B. Diepenbrock, Geſchichte des Amtes Meppen. 1838. S. 684.

Die Bedeutung Sachsens nach Karl d. Gr. bewiesen
bie Landschaften [11]) (regiones,[12]) fines) seiner Hauptstämme:[13])
der Westfalen im Westen, der Engern zu beiden Seiten
der Weser, der Ostfalen und der Albinger im Osten —
und zwei davon als „Herrschaften." [14]) Daß es noch Jahr=
hunderte währen sollte, bis sich gewisse Theile als West=
falen im weitern Sinne zusammenfaßten, entspricht schwer=
lich einer geläufigen Ansicht.

Wie bei Ostfalen [15]) und Nordalbingien zeigte der
Name auch bei Westfalen bie Lage zu bem gesammten
Sachsen nach ber Himmelsgegend, also eine Grenzlage an;
daher wechselte er anfangs auch mit occidentalis (occidua)
pars (Saxonum) [16]) und eignete er thatsächlich nach den
Begebenheiten, worin die Westfalen eine Rolle spielten, je=
nem breiten Weststriche Sachsens, der sich mit dem Fran=
kenlande berührte, b. h. im Norden der Lippe bem (säch=
sischen) Bisthume Münster, wozu auch die Obergrafschaft
Bentheim gehörte, und ebenso dem Bisthume Osnabrück[17])

---

[11]) Durch diese Benennung sollen sie sich unterscheiden einmal von
dem ganzen Westfalen, sodann von den vielen großen und kleinen „Ländern"
(Gauen), welche dies umschlang. Weiteres bei Nordhoff, Römerstraßen
und das Delbrücker Land 1889 S. 34.

[12]) Kenzler a. O. 1870. S. 173.

[13]) Vgl. G. Waitz, Deutsche Verfassungs=Geschichte A² V, 185 ff.
Schriftbelege bei Böttger a. O. I, 5 ff.

[14]) Nach Urkk. von 1066 und 1113. II. Erhard. Reg. H. W. I.
Nr. 1102. 1391.

[15]) Osterfahson ad an. 1113 bei Erhard l. c. I Nr. 1391.

[16]) Belege bei L. v. Ledebur, Land und Volk der Bructerer 1827.
S. 26. Nr. 158.
Denique Westfalos vocitant in parte manentos
Occidua, quorum non longe torminus amne
A Rheno distat . . . Poeta Saxo apud Erhard, Reg. H. W.
I Nr. 102.

[17]) Ueber den westfälischen Charakter dieses Bischofsitzes vgl. v. Ledebur a. O. S. 28. Nr. 166.

ungefähr bis an den Norbabhang des Westfüntels. Im Süden der Lippe haftete er an dem Flach= oder Gebirgs= lande, welches der Kölnischen Erzbiöcese angegliedert war, und zwar gehörte sowohl das Märkische wie das Kölnische Süd= (Sauer)land von jeher zur provincia oder zum pagus Westfalen. [18])

Das Grundwort falen zu erklären, ist bisher mit allerhand gelehrten Mitteln ein Versuch nach dem andern gemacht [19]), und daß keiner durchschlagend geworden, zeugt von der Schwierigkeit der Aufgabe. Vielleicht spricht die eigentliche Alterthumskunde, die dabei nie zu Rathe ge= zogen ist, ein ernstes Wort mit. Sollte nämlich das Grund= wort nicht einfach „Wall" sein? Denn wie F (pf) und B, so sind sich auch Wall und vallus (vallum) verwandt. Das W geht doch hinter st, was die Etymologen auch einwenden mögen, im Volksmunde häufig in F oder B über. [20]) Be= sonders auf oder an den „Landwehren" (Langwällen) gibt es inner= und außerhalb Westfalens Ortschaften, Stellen, Fluren und Höfe unter dem Namen Wall, Bal, Fel, Fail, Fal (z. B. in Falthor, Pfahl [21]) in Pfahlrain, Pfahlhecke

[18]) H. Kampschulte, Kirchlich=politische Statistik des vormals zur Erz= biöcese Köln gehörigen Westfalens. 1869 S. 6 f., 10.

[19]) Von E. F. Mooyer in der Westphäl. Prov.=Blättern (1830) 1, IV, 93 F. Wachter in Ersch und Gruber's Encyklopädie 1836. 3 VII, 167 s. v. Ostphalen (auch mit früheren Deutungen), Fr. Höpker in Wigands Archiv für Gesch. und Alterthumskunde Westphalens (1826) 1. II, 113, J. Grimm das. 1. III, 78, H. A. Lünzel, die ältere Diözese Hildesheim 1837 S. 1. Fr. Woeste in der Zeitschrift des Bergischen Ge= schichtsvereins (1873) IX, 74 und oben S. 3 N. 1.

[20]) Vgl. Westfälisches Urkundenbuch III. u. VI. Namens= und Orts= verzeichnisse zumal s. vv. Erwitte, Wredene, Wrekenhorst, Frille, Bahlsen, Warendorf, Welsede, Winke, Wolf, Wunstorf.

[21]) Phal in Phalgraben leiten mit Zurückhaltung von vallus, vallum verschiedene Gelehrte ab; sodann erklärt es ausführlich als wallartige Erhöhung Fr. Ohlenschlager in den Neuen Heidelberger Jahrbüchern (1895) V, 61 f. und Lexer in Grimms Wörterbuch VII. Sp. 1598 (phal. 3) spielt an auf Ball = Wall.

und Pfahlgraben[22]), die ebenso den alten Langwällen ent=
lehnt sind, wie in ihrer Reihe die Namen Damm, Hagen,
(Knick), Wehr, Lette, Dik, Strang, Schanze[23]) u. a. Und
zwar tritt häufig an ein und demselben Dammzuge die
eine Bezeichnung nach der andern und dieselbe wieder=
holt auf.[24])

Nun zieht thatsächlich ein großartiges Erdwerk von
Hauberg bei Elten in geraden oder gewundenen Linien
süd=(oft)wärts bis über die Wied[25]) und bildet mit der
ganzen Mittelstrecke von Isselburg bis in die Westgegend
der sächsischen Grafschaft Simborn die Grenze zwischen
Sachsen und Franken. Wir lernen die Lage unten ge=
nauer kennen, müssen jedoch hier schon hervorheben, daß
das Denkmal von den beiderseitigen Völkern nicht geschaffen,
sondern vorgefunden und höchstens stellenweise verstärkt
worden ist[26]). Wäre es von ihnen als Scheibe und Grenz=
wehren errichtet, so würde es süd= und nordwestwärts nicht
ins Frankenland einschießen, auch nordwärts als solches
weiter reichen; hierfür liegen aber, wenn ungefähr die
durchschnittliche Fluchtlinie beibehalten wäre, kaum mehr
Spuren vor. Wären die Franken — an die Sachsen ist
nicht weiter zu denken — die Urheber, so hätten sie mit
den Endspitzen in Süden und Norden das eigene Land
getheilt.

<hr>

[22]) Vgl. A. Fahne, in der Zeitschrift des Bergischen Geschichtsver=
eins (1867) IV, 2.

[23]) Vgl. das Nähere bei Nordhoff, Delbrücker Land. S. 12.

[24]) Belege bei Nordhoff u. Fr. Westhoff in den Bonner Jahr=
büchern 96, 223 f.

[25]) Größere Strecken mit Profilzeichnungen bei A. Fahne. Die Dy=
nasten von Bocholtz 1863 I, 251 f. in der Bergischen Zeitschrift IV, 9 ff.
XIV, 137. Einzelstrecken bei J. Schneider, Neue Beiträge zur älteren
Geschichte u. Geographie der Rheinlande 1868 II, 18 ff.. IV, 3 ff. u.
W. Crecelius in der Bergischen Zeitschrift 27, 296 ff. Eine Strecke östlich
von Remlingrade in Liebenow's Karte. Sect. Lüdenscheid.

[26]) Vgl. Schneider a. O. II, 76 ff.

Das Werk ist vielmehr seiner Lage, Ausdehnung und Bauart nach eine alte Grenzsperre der Römer gegen die Barbaren, gerade wie die großartigen Anlagen am Rheine, in Europa[27]) und im Orient[28]) überhaupt; es greift mit der Nordwestspitze bei Hauberg ungefähr an den alten römischen Waffenplatz der Betuve[29]) und erreichte mit der Südspitze[30]) wahrscheinlich den rheinischen Limes in der Gegend von Rheinbrohl, gerade der Mündung des Vinxtbaches gegenüber, womit sich ohne Zweifel Ober- und Untergermanien berührten.[31])

Römische Erdwehren machten ja auch zwischen dem Engern- und Bructerer-Gaue im Bereiche der Haar die Scheide und auf der Westseite der Klein-Bructerer die Grenze;[32]) die Gaue sonderten sich ja wohl gerade so durch Erdwehren,[33]) wie einst die Gebiete der Cherusker und Angrivarier.[34])

Wenn auch einem Römerlimes sonst ebenso der administrative wie der militärische Zweck zu Grunde liegt,[35]) so hat doch den letzteren das Grenzwerk zwischen Sachsen

---

[27]) Th. Mommsen in der Westdeutschen Zeitschrift für Geschichte u. Kunst. (1885) IV, 46 f. 49.

[28]) A. Brinkmann in den Bonner Jahrbüchern 99, 252 f.

[29]) Vgl. G. v. Hirschfeld in Picks Monatschrift V, 348.

[30]) Ueber dessen Lauf vgl. v. Veith in den Bonner Jahrbüchern 84, 2.

[31]) F. Haug in der Westdeutschen Zeitschrift IV, 58. A. v. Cohausen, Der römische Grenzwall in Deutschland 1884. Taf. XXXIX, 265 f. 269. E. Hübner in den Bonner Jahrbüchern 80, 110. Vgl. jedoch J. Schneider, Neue Beiträge II, 19; XIII, 2.

[32]) Nordhoff u. Westhoff in der (Westfälischen) Zeitschrift (1895) 53, 311. N. 2.

[33]) Nordhoff, Delbrücker Land. S. 44. Nr. 3. Vgl. über eine karolingische Grenzfestungslinie zwischen Ost- und Westlothringen C. Koenen in den Bonner Jahrbüchern 96/97, 359 f.

[34]) Tacitus, Annales. II, 19.

[35]) Haug a. O. IV, 66 f. Mommsen a. O. IV, 45, 47.

und Franken besonders deutlich vorgekehrt; denn einmal lehnt es streckenweise an Naturscheiden und -Wehren, die zu allen Zeiten wirken, sodann verliehen ihm die Bauart[36]) und strichweise noch Flankenwerke oder innere Wälle eine besondere Stärke.

Wie das mächtige Grenzwerk den Sachsen gegen Westen eine Schranke, so hat es sicher den Franken auf mehreren Zügen gen Osten beträchtliche Hindernisse bereitet, zumal wenn es mit andern Wehrmitteln oder gar mit Besatzungen verstärkt war. Jedenfalls gehörte es zu den sächsischen „Schutzwerken",[37]) welche zu überwinden waren, wenn der fränkische Feldzug vorab den Westfalen galt.

Als Karl d. Gr. 779 bei der Lippemündung (Lippeham) über den Rhein setzte, mußten die Sachsen alle ihre Erdwehren (firmitates) im Stiche lassen, so daß dem Feinde der Weg nach Westfalen offen stand.[38]) Zwischen Lippeham und Bocholt aber lag bis in unsere Zeit bei Huvermans und Schwinumbshof als Landes- und Völkerscheide jener Römerwall.

---

[36]) Ueber seine Breite und Wallzahl v. Veith in den Bonner Jahrbüchern 84, 2 Schneider a. O. XIII, 2.

[37]) Firmitates, munitiones. Vgl. die fränkischen Annalen ad ann. 753, 758, 779 in Mon. Germ. Hist. I, 331, 333, 141, 160. Sitnia ad an. 758 ein Platz der großen Heide Sinethi ist von Delsner, Jahrbücher des fränkischen Reiches unter Pippin irrig bestimmt. Vgl. J. B. Nordhoff, Kunst- und Geschichtsdenkmäler der Prov. Westfalen 1886. II, 22, 167.

[38]) Die Ann. Lauris. in Mon. Germ. Hist. SS. I, 160, lassen sich keinenfalls mit A. Fr. Schaumann, Geschichte des niedersächsischen Volkes 1839 S. 42, der hier übrigens auch die firmitates für Grenzbefestigungen hält, buchstäblich nehmen als ob die Franken erst bei oder „hinter" Bocholt Westfalen betreten, denn sonst hätten sich deren Sitze damals weit gen Westen in Westfalen ausgedehnt; dafür liegt aber kein Anzeichen vor, vielmehr wies Karl d. Gr. dem hl. Ludgerus (Altfridi vita S. Liudgeri I c. 13) als Missionsbezirk das confinium Francorum et Saxonum secus fluvium Isla an; diese aber lag weiter westwärts von Bocholt und beinahe auf ihrem Westufer der römische Grenzwall. Vgl. Schneider a. O. II, 46 ff. u. Karte.

Hat dieser also ursprünglich Westfalen auf der Süd-
westseite und beinahe auf der ganzen Westseite begleitet
und somit zu seinem Namen beigesteuert, so ergab sich wie
von selbst für die sächsischen Gegenfüßler der Name Ostfalen; sonst heißen diese auch, ohne daß das beregte Grundwort anklang, Ostsachsen, Osterlingi[39]) und lange hin Oster-
oder Asterliubi.[40])

Während Westfalen mit seinem[41]) Süd- oder Sauer-
Lande gegen das Rothaargebirge und im Südosten gegen
den Astenberg[42]) abschloß, reichte es im Norden keineswegs
bis an die friesischen Grenzsümpfe, sondern vielmehr an
eine südwärts ausgebogene Linie[43]) von Sandhöhen, Niederungen und Seen, deren Westende ungefähr an die Nie-
dergrafschaft Bentheim setzte, indeß ihr östlicher Auslauf
streckenweise mit der Hase[44]), dann mit dem großen Moore
und Dümmer See zusammenfiel.[45]) Südwärts von diesem
bezeugen die westfälische Grenze auch dem Namen nach

---

[39]) . . . . Regionem solis ad ortum
Inhabitant Osterliudi, quos nomine quidam
Ostfalos alio vocitant . . .
Poeta Saxo, l. c. l, Nr. 202.

[40]) Vita Meinwerci c. 52 Asterliudi. Vgl. L. v. Ledebur in Ersch
u. Grubers Encyclopädie 3. VII, 55 f. s. v. Ostfalen.

[41]) Vgl. über die Subuobi oben S. 3 Nr. 1.

[42]) Astenberg = Ostenberg wie Astfalun = Ostfalen. (Westfäl.
Urk. Buch. Supplem. Urk. von 983—993. Nr. 519) und Asterliubi =
Ostsachsen. Vorher Nr. 39.

[43]) Vgl. die Südseite des Gaues Fenkion und die Nordgrenze des
Gaues Threcwiti bei Th. Reismann in der (Westf.) Zeitschrift (1889)
47 l, 42, 51, v. Ledebur Brukterer S. 29. Osnabrück. Urkundenbuch.
Herausg. v. F. Philippi I, 356 f. u. Karte.

[44]) Carolus . . . audivit, Saxones in finibus Westfalaorum super
fluvium Hasam congregari. Einhardi Ann. ad an 783 in Mon. Germ.
Hist. SS. I, 165.

[45]) v. Ledebur in Wigands Archiv. 1. IV, 84 f.

das Westsüntelgebirge bis Bramsche und der Süntelstein[46]) bei Venne; Süntel, eine Nebenform von Sunder, bedeutet eben Scheibe. [47])

* * *

Die weite Ebene, welche Westfalen und Friesland sonderte, war gegenüber dem Süd- (Sauer)lande das sächsische Nord- oder Emsland,[48]) mit Sand und Lachen bedeckt, hie und da noch mit Holz[49]) bestanden, oder von Friesen besiedelt, und nachdem in Sachsen Bisthümer errichtet waren, noch lange von Heiden bewohnt und aufgesucht,[50]) und nicht vom Nachbarbisthum Osnabrück[51]) sondern vom fernen Kloster Corvei[52]) dem Christenthume zugeführt, mit dem Uebergewichte der sächsischen Besiedelung wohl meistens der Gaueintheilung unterworfen. Noch spät tauchen hier das Sater- und Westerwolbinger-Land beinahe unabhängig von einer Herrschaft auf,[53]) gerade wie im Innern Westfalens das Delbrücker Land. Die Bewohner

---

[46]) Näheres u. Abbildung bei J. H. Müller in der Zeitschrift f. Niedersachsen. 1864. S. 272. f.

[47]) A. Deppe in den Bonner Jahrbüchern (1890) 89, 94.

[48]) Ausführlich v. Ledebur Bructerer S. 26, 29, 100, 107. Diepenbrock a. O. S. 16.

[49]) Dessen Stellen an der Ems nun endlose Heiden und Wasserlachen einnehmen. Vgl. Burckhardt, Aus dem Walde (1875) H. VI S. 7 ff.

[50]) Nordhoff, Die ersten Bekehrungsversuche in Westfalen in (Görres) Historischem Jahrbuche (1890) XI, 295 f.

[51]) Ueber dessen Gründung und vielleicht frühere Abhängigkeit von Lüttich, die Emslands Mission und Zehnten A. Hauck, Kirchengeschichte Deutschlands. 1890. II, 324, 620; dagegen J. Philippi in den Mittheilungen des histor. Vereins zu Osnabrück (1890) XV, 225 ff. XXII, 25 ff.

[52]) Nordhoff im Repertor. f. Kunstwissenschaft. (1889) XII, 374.

[53]) Literatur bei Nordhoff, Delbrücker Land, S. 28 ff.

sind überhaupt seit 1276 den Friesen, die längst dem
Reiche fernstanden,[54]) die Deutschen oder die Sachsen.[55])

* * *

Im Westen deckte sich die Grenzlinie Westfalens mehr
oder weniger mit jenen der benachbarten Bisthümer, im
Osten jedenfalls auch, d. h. mit den Westgrenzen der Bis=
thümer Minden und Paderborn oder der Engernlandschaft,
die, wie man annimmt, diesen ganz zugemessen war.[56])
Dann zog sie zunächst am Bisthume Minden, südwärts
vom Dümmer durch charakteristische Ortsnamen bezeugt,[57])
die Hunte, welche einst Angelbecke hieß, aufwärts, dann
etwas gebogen östlich an Enger vorbei und müßte nach
der gangbaren Annahme weiter mit der Paderborner Kir=
chengrenze fortgehen,[58]) bis in den Osten des Astenberges,
den wir schon als die Südostspitze Westfalens bezeichnet
haben. Allein nach der Munbart soll sie westwärts gar
bis Versmold und im folgenden Süblaufe bis Hamm und
Iserlohn,[59]) also in erklärtes Westfalen=Gebiet[60]) abge=
wichen sein. Thatsächlich waren in der Sennegegend, die
erst später und zwar im Zickzack dann von dieser, dann

---

[54]) Unten S. 25 N. 35.

[55]) Item quod Frisones naufragium pacientes inter Theutonicos
sub dominio episcopi Monasteriensis res suas in naufragio (auf der
Ems) perditas recuperent sine lite. Westfäl. Urk. Buch, III. p. 511.
Vgl. unten S. 18.

[56]) L. v. Ledebur in Wigands Archiv 1., I 46 f.

[57]) Die beiden Scheitelrieben zu Bohmte und der alte Rutanstein in
der Mindener Grenzpfarre Barkhausen. v. Ledebur a. O. 1, IV, 85 f. H.
Hartmann in den Osnabrück. Mittheilungen (1891) XVI, 56; den Grenz=
charakter der Hunte will Böttger a. O. II. 14 bestreiten.

[58]) v. Ledebur a. O. 1. I, 46 f. derf. Bructerer S. 149.

[59]) Brockhaus Real-Encyklopädie A¹⁴ s. v. Engern.

[60]) Also über Meschede in partibus Westfaliae 1310. Ledebur
Bructerer S. 149.

von jener Seite besiedelt und cultivirt ist,[61]) bis ins hohe
Mittelalter kirchliche und politische Scheiben einzelner Ortschaften noch unbestimmt und unsicher; östlich von Wiedenbrück, das kirchlich mit Osnabrück, etnographisch durchaus
mit dem Münsterlande zusammenhing, galt anscheinend
Engerisches Recht.[62])

Von den sächsischen Landschaften fallen für uns das
Nordland und Engern so sehr ins Gewicht, weil jenes
später ganz, dieses in der Hauptmasse mit Westfalen den
Namen theilen, und alle drei vereint Altwestfalen aus-
machen sollten.

Die alten Angrivarier mochten ihren Namen[63]) dem
Kölnischen Engerngau übertragen, wie die kleinen Bructerer, welche sie 98 nach Chr. über die Lippe vor sich
her trieben,[64]) dem Bructerergaue;[65]) schwerlich unterhielten
sie mehr eine Verbindung mit der Engern-Landschaft, denn
sonst würde das Angrivarier-Gebiet um Osnabrück nicht
zu Westfalen[65a]) und anderseits der Platz Enger, welcher
für ihren Hauptort angesehen wird,[66]) gewiß in einer
Engern-Diözese liegen, während es thatsächlich eine Osnabrückische[67]) also westfälische Pfarrei bildete.

---

[61]) Vgl. über die Senne Nordhoff in der Zeitschrift für Preußische
Geschichte und Landeskunde. (1883). XX, 203, ders. in den Bonner Jahrbüchern, 95, 224 f. ders. Delbrücker Land S. 32 f. Böttger a. O. II,
17 Nr. 37.

[62]) Vgl. die Urkunde von 1189 bei Erhard, Codex. diplom. Westfaliae II, Nr. 496.

[63]) Vgl. Grimm, Geschichte der deutschen Sprache. II, 582, 629.

[64]) Nordhoff, Kunst- und Geschichts-Denkmäler 1880. I, 18 f. 23.
Nordhoff u. Westhoff in d. Westfäl. Zeitschrift. 53, 312 Nr. 1.

[65]) Kampschulte, a. O. S. 8, 6.

[65a]) Deppe in den Bonner Jahrb. 89, 94.

[66]) F. de Fürstenberg, Monumenta Paderborn. 1672. p. 145.

[67]) Belege bei Ledebur in Wigand's Archiv 1, IV, 78 Nr. 7.

Unſtreitig hat das Wort Engern im Sinne unſerer
Landſchaft einen andern Urſprung und bedeutet „angar“
am erſten ein Grasland[68]) an einem Fluſſe oder Bache,
und inſofern wohl auch einen (Grenz) Saum. Jenes
Osnabrüdiſche Engern (948 Angeri)[69]) liegt auf der
Grenze der Diözeſe und am Ufer eines Baches, eben ſo
und an einem Bergrande ſowohl das Osnabrüdiſche Eng-
ter wie das Dorf Engar bei Warburg; der Ort Enger
Rinteln gegenüber liegt auf dem Ufer der Weſer, die
Bauerſchaft Engershauſen bei Pr. Olbendorf auf den vier
Ufern der großen und kleinen Aue[70]) und zumal die ferne
Engeris- oder Angrisgowe ſtieß mit einer Seite an den
Rhein, mit der andern an die Lahn.[71])

Man darf alſo mit Grund vermuthen, daß die Landſchaft Engern ihren Namen den beiden grünen Weſer-
ufern, worüber ſie ſich ausſtredt, verdankt, indeß an ihren
beiden Langſeiten Weſt- und Oſtfalen die Nachbarſchaft
wahrnehmen. Sie war[72]) der Länge nach von Süden nach
Norden von der Weſer, wie es gemeinhin heißt, in Weſt-
und Oſt-Engern getheilt,[73]) oder vielmehr verbunden[74])

---

[68]) So auch Wachter a. O. 3 VII, 168 u. Hartmann a. O. XVI, 55.

[69]) Erhard, Reg. H. W. I, 567.

[70]) Die Bauerſchaft Hengelar zu Stadtlohn mit dem Hofe Engering
auf einer Seite der Berkel, die Bauerſchaft Hangenau zu Buldern entlang
dem Olfebache, die Bauerſchaft Engelern bei Fürſtenau im Bereiche dreier
Bäche. Auch das holländiſche, früher weſtfäliſche Hengelo hatte eine Ufer-
lage.

[71]) Böttger a. O. I 139 ff. 127, 137, IV die Gaukarte.

[72]) Belege bei Böttger a. O. III, 86 ff.

[73]) Vgl. J. Nieſert in Erſch u. Grubers Encyclopädie, 1, XXXIV,
262, v. Ledebur daſ. 3, VII, 55, Brockhaus Real-Encyclopädie s. v. und
C. U. Grupen, Origines Pyrmontanae 1740 mit Tabula Angariae in
dioecesi Paderbornensi.

[74]) Aber an einer durchgehenden Schiffahrt hinderten viele beſchwer-
liche Stromſtellen. G. Hagen, Beſchreibung neuerer Waſſerbauwerke 1826
S. 129, Erbkam’s Zeitſchrift für Bauweſen VII, 525, 527, 541 ſ. L.
Berger, Der alte Harkort 1895 S. 257, 263.

unb ihre Grenze vielleicht nur nach Nordosten verschwom-
men. [75]) Auf der Ostseite des Flusses erscheinen die Engern 775 im Buck-Gaue, [76]) also im Bückeburgischen, [77])
779 wiederum an der Weser zu Uffeln, Blotho gegenüber; [78]) in Angariis des fernen Lognigaues erhielt Kloster
Corvey 834 Güterschenkungen; [79]) und als König Ludwig
852 von Minden [80]) auf Thüringen zog, betrat er zuerst
also im Osten der Weser Engern, dann — so weit erstreckte
sich dies — südostwärts den Hartingau. [81]) Von der gegenseitigen Lage zweier Bisthümer handelt insbesondere noch
983—993 eine Urkunde de terminis inter Astvalas et
Angarias et de terminis episcoporum Hildenesheimensis
et Mindensis. [82]) Belege dafür, daß die Engern auch auf
der West- und Südseite der Weser weithin Land in Besitz
genommen, sind hier überflüssig, weil bereits zur Genüge
von gelehrter Seite beigebracht. [83])

Westfalen nordwärts der Lippe unterstand zwei ein-
heimischen Bischofsstühlen, das Quartier im Süden jedoch
dem auswärtigen Erzstuhle Köln; auf Engern kamen
vier heimische Bisthümer, auf den Südstrich wiederum ein
auswärtiges, nämlich Mainz. Während sich Minden und

---

[75]) Vgl. Lünzel a. O. S. 1.
[76]) Die Engern in den Geschichtsquellen bei Böttger a. O. III, 86 ff.
[77]) Erhard, Reg. H. W. I, Nr. 146.
[78]) Deppe in der Westfäl. Zeitschrift. 50 II 160 ff.
[79]) Erhard l. c. I Nr. 333.
[80]) Erhard l. c. I. 406 Wäre Mimida Bursfeld an der Oberweser
(vgl. v. Ledebur, Kritische Beleuchtung einiger Punkte in den Feldzügen
Karls d. Gr. 1829. S. 97. Böttger a. O. III, 86. E. Dümmler Geschichte des ostfränkischen Reichs 1862. S. 347 ist die Alternative ent-
gangen,) so führte der Zug in nordöstlicher Richtung durch Südengern.
[81]) Vgl. Böttger a. O. III, 195 ff. Das landschaftliche ist Deppe
in den Bonner Jahrbüchern 89, 93 mißlungen.
[82]) Westfäl. Urk. Buch Supplement, Nr. 519.
[83]) v. Ledebur, Bructerer, S. 30, Nr. 172 und L. Curtze, Geschichte
und Beschreibung des Fürstenthums Waldeck. 1850. S. 198 f.

Paderborn durchaus auf das Engernische und jenes vorzugs-
weise auf Ostengern, dieses bis auf den Oststrich von
Höxter sich auf Westengern beschränkte, waren den Bisthümern Verden[84]) und Bremen[85]) auch auswärtige Bezirke zugetheilt.

* * *

Doch sind die Grenzen der Landschaft Engern hier
nicht weiter, als gegen Westfalen anzugeben, denn nur
der mittlere, etwas über die Weser auslabende, Kerntheil
verschmolz später mit dem Westfalenlande.

Engern rühmte sich in Sachsen großer Vorzüge, früh-
zeitiger Bekehrungen,[86]) bald eingerichteter Bisthümer[87])
und häufigen Besuches der Reichsregenten. Ihm erblühte
das Großkloster Corvey[88]) „dies Wunderwerk Sachsens,“
„des ganzen Vaterlandes Zierde,“ es leuchtete in aller Cul-
tur-, Wissens- und Kunstpflege weit über die Heimath in
den fernen Norden hinein.[89]) Unter den Bischofssitzen
eiferte ihm im neuen Jahrtausend Paderborn unter Mein-
werk († 1036) in einem Maaße nach, daß seine Bau- und
Kunstschule einerseits bis an die Weser, anderseits bis an
den Rhein Vorbilder für Kirchengebäude abgab.[90]) Der
Platz unterhielt lange Beziehungen zu den mitteldeutschen

---

[84]) Böttger a. a. O. II. 202 ff. 220 ff.

[85]) Böttger a. a. O. II. 126 ff. 178 f.

[86]) Unten S. 40.

[87]) Vgl. die Datirungen von Bremen, Verden, Minden und Paderborn bei Hauck a. a. O. II, 354 f., 371 und jene von Münster und
Osnabrück das. II, 370, 371. Westfäl. Urk. Buch. Supplement Nr. 139.

[88]) Und Herford.

[89]) Nordhoff, Corvei und die sächsisch-westfälische Früharchitektur im
Repertorium für Kunstwissenschaft XI, 147 f. XII, 389. ders. Jellinghaus
und die Heimat des Heliand im Histor. Jahrbuch. 1891 S. 766 ff.

[90]) Nordhoff, der Dom zu Paderborn in den Bonner Jahrbüchern
(1890) 89, 164 ff. ders. die Baugenealogie der Abbinghof'schen Krypta zu
Paderborn in den Bonner Jahrbüchern 93, 94 ff.

Bischofssitzen und war „der Schauplatz der wichtigsten Begebenheiten."[91])

Zwar rangirt in den Schriften Engern nach 1066[92])
als eine „Herrschaft", allein damals hatte der Glanz der
Karolingerzeit schon nachgelassen. Das Großkloster und
die alte Stadt[93]) Corvey begnügten sich mit den Lorbeern
der Väter. Der Aufschwung Paderborns gerieth schon mit
dem Tode Meinwerks ins Stocken,[94]) Minden allein
machte anscheinend ruhige Fortschritte.[95]) Da die großen
Striche im Süden kirchlich mit Mainz, die beiden Bisthümer im Norden mit anderweitigen Nachbarländern ver-
knüpft waren, konnte es nicht fehlen, daß hier auch unter
auswärtigen Einflüssen das Engernthum frembartige Beimischungen erfuhr. Das von Alters her unsichere Nord-
ostrevier um Bremen, Lüneburg und Barbowiek drückt
schon um die Mitte des 12. Jahrhunderts mit dem Sondernamen[96]) „Westsachsen", der einst für Westfalen üblich
war, eine weitere Loslösung vom Engernschen Stamme aus.

* * *

Das Nordland hatte wesentlich darin seinen Vorzug,
daß es den Verkehr zwischen friesischen und südlichen Gegenden und zumal die Ems für die westfälischen Export-
Händler (maricolae) die „Seefahrt" vermittelte.[97])

* * *

[91]) Kampschulte a. O. 21, 200, 204, 154, 209.

[92]) Erhard, Reg. II. W. I Nr. 1102.

[93]) P. Wigand, Corveische Güterbesitz 1831. S. 168. Wigand's
Archiv 3. I. 66. Nordhoff im Repertor. f. Kunstwissenschaft. XI, 173,
Nr. 52.

[94]) Vgl. P. Scheffer-Boichorst in den Mittheilungen des Instituts
für Oesterreichische Geschichte VI, 53.

[95]) Vgl. auch W. Schroeder im Gymnasial-Programm Minden 1890.
S. 5 ff.

[96]) Grauert a. O. S. 33. N. 1.

[97]) Vgl. Urkunde des Jahres 1238 und 1280 im Westfäl. Urk. Buch
IV. Nr. 283 u. im Hansischen Urk. Buch. I Nr. 842.

Weſtfalen, ſchon 859 als „Ducat" ausgezeichnet, [98]) beſaß zu Meſchede in der Stiftskirche den älteſten Kunſt-bau des Landes, [99]) in jener zu Eſſen ein Wunderwerk der Technik und ſo viele herrliche Kleinſchöpfungen, [100]) wie nur wenig Kathebralen, in dem Königshofe zu Dortmund eine vielbeſuchte Stätte der Sachſenregenten; [1]) doch erſt mit der Cultur, welche das Städteweſen entfaltete, gewann es, zumal in der nächſten Verbindung mit dem Rheine, die Oberhand über Engern, ſo daß dies immer mehr in den Hintergrund rückte. [2])

Während der Biſchofsſitz und ein beträchtliches Um-land Osnabrück eine gedeihliche Zukunft verhießen, errangen Stadt und Bisthum Münſter [3]) eine hervorragende Bedeu-

---

[98]) In ducatu Westfalorum . . . in pagis Grainga et Threcuuithi. Urk. König Ludwigs bei Erhard, Codex dipl. Westf. I. Nr. 24.

[99]) Vgl. Nordhoff, Krypta und Stiftskirche zu Meſchede in den Bonner Jahrbüchern 93, 103 ff; die Steine bindet ſtellenweiſe Fettkalk, ſtellenweiſe bloß ein gelblicher Lehm, (Kaplan Brügge's Mittheilung von 1896. 3. 12) während in der dortigen Hünenburg und ihren 14 Thürmen die Steine in einem mit Grand vermengten Kalk oder auch ohne Bindemittel lagerten. Dr. Kutſcheid bei Fr. Hülſenbeck im Paderborner Gymnaſial-Programm 1878, S. 44.

[100]) Vgl. G. Humann in den Bonner Jahrbüchern 82, 107 ff. H. 88, 173 ff. H. 90. 182 ff. P. Clemen, Kunſtdenkmäler der Rheinprovinz, 2. III, 15 ff. wo nicht einmal der weſtfäliſch-ſächſiſche Charakter erwähnt iſt. Nordhoff im Repertorium f. Kunſtwiſſenſchaft XI, 397, 400 f. derſ., die lombardiſchen Bau- und Kaufleute in Altdeutſchland in der Allgemeinen Zeitung 1891 Beilage Nr. 253 S. 4.

[1]) Kampſchulte a. O. 21, 154.

[2]) Noch einmal thut ſich das Paderborner Nordoſtquartier hervor mit der Einführung der Frühgothik bis Nieheim (und Lippſtadt) hin. Vgl. Nordhoff in Bonner Jahrbb. 89, 184. Marburg war der Ausgangs-, Mars-berg der Durchgangspunkt. Die Krypta der hieſigen Stiftskirche kommt mit ihren Alttheilen, Scheins einer guten Handſkizze, auf den Weſtbau zu Cor-vey, zeitlich alſo auf den Anfang des 11. Jahrhunderts hinaus. Vgl. Erhard Reg. H. W. I Nr. 940 ad an. 1025.

[3]) Unten S. 21. 28.

2*

tung, verbreiteten die alten Verkehrsplätze Soest[4]) und
Dortmund auf fernen Handelswegen und einigermaßen
wohl auch die Grafen von Westfalen durch ihre auswärtigen Verbindungen[4a]) den Namen und den Ruf ihrer engern Heimath.

Als Kaiser Heinrich IV. 1084—1088 „Allen von
Westfalen" gebot, dem Bisthum Osnabrück die kano-
nischen Zehnten zu entrichten, wurde das Nordland nicht
eigens mehr erwähnt, „Westfalen" also schon im weitern
Sinne angewandt, und doch war jenes gerade an den
betreffenden Leistungen recht betheiligt, und noch geraume Zeit
vollständig in Würden.[5]) Schon lange vorher waren einem
Schriftsteller[6]) Westfalen, Ostfalen und Nordsachsen, aber
kein Engern mehr bekannt. Wenn ein Annalist[7]) zum
Jahre 1124 erzählt, der Graf Friedrich von Arnsberg
habe beinahe die „ganze Provinz" Westfalen bedrückt, so
versteht er darunter bereits auch Engern, weil das Arns-
berger Raubnest Wevelsburg bei Paderborn lag. Ein
anderer Geschichtsschreiber, der zum Jahre 1152 den Zug
Kaiser Friedrichs von Köln durch Westfalen nach Sachsen
vermeldet, gebraucht Westfalen schon im weitern Sinne,
nämlich zugleich für (West) Engern, indem der Zug des Kai-
sers auch Paderborn gegolten hat.[8])

* *

---

[4]) Ein arabischer Berichterstatter aus dem 10. oder 11. Jahrhundert
über Fulda, Schleswig, Soest, Paderborn und andere deutsche Städte . .
übertragen . . von Dr. Georg Jacob, 1890, S. 17 findet Soest und
Paderborn in ein- und demselben Lande „der Slaven."

[4a]) J. S. Seibertz, Grafen von Westfalen 1845 S. 8, 40 ff.

[5]) Vgl. Osnabr. Urk. Buch, I Nr. 200. 275, 296. und Urk. von
1240 in Westf. Urk. Buch VI, 329.

[6]) Vita s. Altmanni episc. Pataviensis in Mon. Germ. Hist. SS.
XII, 229 . . . de quibus Paderbrunnen in Westfalia. . .

[7]) Annalista Saxo in Mon. Germ. Hist. SS. VII, 717. Erhard, Reg.
H. W. 1 1487, 1477.

[8]) Otto Frisingens., Gesta Friderici imperatoris II, 4 in Mon. Germ.
Hist. SS. XX, 392. N. 5.

Als 1180 das sächsische Herzogthum aufgelöst wurde, fiel bei der neuen Auftheilung, indeß die Diöcese Münster es zu einem selbstständigen Herzogthum brachte, der Norden mit den Diöcesen Minden und Osnabrück an Anhalt, das kirchkölnische Westfalen und das Bisthum Paderborn[9]) als Engern an den mächtigen Erzstuhl von Köln. Dies kölnische Herzogthum, welches also über Westfalen und Engern bis an die Weser,[10]) sogar mit einem paderbornischem Zipfel[11]) bei Corvei über den Fluß hinaus, und nordwärts weithin bis über Herford[12]) griff, entwickelte vorab in gleichem Maaße Macht und Ansehen.

Der Rhein als Grenze Westfalens war ein rhetorischer Begriff, denn er kam dem Lande überhaupt in bescheidener Entfernung und dem Herzogthum nur in kurzer Strecke nahe. Die Weser[13]) ihrerseits hatte an sich mit der Stammesscheide Nichts zu thun;[14]) auf dem einen Ufer saßen so gut Engern wie auf dem andern, und bennoch wurde sie beinahe Landesgrenze d. h. ein Keil, der Ost= von Westengern abgetrieben[15]) und Westfalen für immer entfremdet hat; denn bei Hameln besäumte sie thatsächlich Westfalen bis zur Kreistheilung[16]) und südlich faßte Paderborn als Herzogthum, wie später nördlich das Fürstenthum Minden als

---

[9]) Lindner a. O. S. 340 ff. 346, 414 und besonders über Minden die Urkk. a. 1260 u. 1299 im Westf. Urk. Buch VI, Nr. 732, 1626 über Münster auch Nordhoff, Holz= u. Steinbau Westfalens 1873 S. 446 f.

[10]) v. Ledebur, Bructerer S. 9. Nr. 26. Lindner a. O. S. 337 f. 341.

[11]) Wisaraha = Weser? H. Guthe, Braunschweig u. Hannover 1867 S. 406.

[12]) Vgl. die Urkunde 1293—1300 in J. S. Seibertz Urkund. Buch zur Landes-Rechtsgeschichte des Herzogthums Westfalen I, S. 643 f.

[13]) G. J. Rosenkranz in d. Westfäl. Zeitschrift XII. 7.

[14]) Unten S. 24.

[15]) Von jeher hatten freilich Engern und Ostfalen für die durch die Ehe begründeten Güterverhältnisse anderes Recht, als Westfalen. Lünzel a. O. S. 2.

[16]) Unten S. 26.

weſtfäliſcher Zuwachs Fuß auf dem Oſtufer, beide mit
ſchmalen Streifen, und davon ſtand nur der Paderborniſche
ſtreckenweiſe von Regenborn bis Homburg, im Einklange
mit der alten Stammesſcheibe gegen (das Hildesheimiſche)
Oſtfalen. [16a] Immerhin hat das Herzogthum einen alten
Traum verwirklicht; [17] es hat Weſtfalen, wenn auch nur
im Südtheile bis zur Weſer politiſch geeinigt, und fortab
wiederholt ſich der Landbegriff „vom Rheine [18] bis zur
Weſer" ſo häufig, [19] daß ſeine Anwendung weiter ſtrom-
abwärts auf das Bisthum Minden, ſoweit ſich darin das
alte Engernthum rein erhalten, eine Frage der Zeit wurde.

Der auf Paderborn geſtützte Engernname hatte ſich
zwar in dem mächtigen Herzogthume verjüngt, aber allmählig verdrängte ihn doch „Weſtfalen," zumal ſein Herzog
zugleich Kirchen- und Landesherr war, und von dem füd-
lichen Weſtfalen fiel auch ein Abglanz auf den Nordtheil
des ſächſiſchen Herzogthums, d. h. auf das Gebiet von
Minden (und Osnabrück). Und wie ſchon früh „Weſtfalen",
ſo in den Kriegen Heinrichs ‚des Löwen [20] und nicht weniger in den Städtebündniſſen, auch wenn Minden daran

---

[16a] Böttger a. O. II, 309 ff. L. A. Holſcher in der Weſtfäl. Zeitſchrift 37 II, 15, 16.

[17] Des Werdener Mönches Uffing (980—983) Vita s. Idae in
Mon. Germ. Hist. SS. II, 571. Insuper etiam imperator (Carolus) cunctis
Saxonibus, qui inter Rhenum et Wisurgim, maxima flumina, inha-
bitant, (Egbertum) ducem praefecit. Weſtf. Urk. Buch. Supplement
Nr. 153.

[18] Vereinzelt z. B. 1319 genauer: „van der Wippere bet an be
Weſere" im „Weſtfalenlande," welches damals jedoch ſchwerlich bis über
das Herzogthum hinausging. Urkunde bei (Stüve) Geſchichte der Stadt
Osnabrück. 1816. I. 225. 228.

[19] Ledebur, Bructerer S. 9. N. 26.

[20] Cf. Arnoldus Lubec., Chronica Slavorum in Mon. Germ. Hist.
SS. XXI, 134.

betheiligt war,[21]) Engern vertrat, so namentlich auch häufig
im Bereiche des südwestfälischen Herzogthums[22]), und als
Köln Veme und Landfrieden weit über das Herzogthum
hinaus nach Norden hin zur Machtbereicherung verwandte[23])
und überall Anker seiner Macht auswarf,[24]) nahm auch
die Bezeichnung „Westfalen" an den Fortschritten Theil,
so daß der Engernname etwa seit Mitte des 14. Jahrhunderts zunächst nur noch im eigenen Lande neben Westfalen erklang,[25]) dann ganz verstummte,[26]) um höchstens
im Rechtswesen oder im Herzogstitel noch nachzuleben.
Ein auswärtiger Gelehrter[27]) weiß um . 1360 wohl von
Westphalia und Saxonia, aber nicht mehr von Angaria;
Heinrich von Herford († 1370)[28]) ist Minden eine civitas

[21]) Vgl. die Urkk. a 1246, 1255, 1256 in (Ennen und Eckerz)
Quellen zur Geschichte der Stadt Köln (1863) II Nr. 353, im Westf.
Urk. Buch. VI, 458, 658, 660.

[22]) Lindner a. O. S. 340 ff. Schon bei Albertus Stadensis, Chronicon in Mon. Germ. Hist. SS. XVI, 349: Bernardus comes de Anhalt suscepit ducatum Saxoniae et Philippus Coloniae ducatum Westphaliae.

[23]) Lindner a. O. S. 419. M. Jansen, Herzogsgewalt des Erzbischofs von Köln in Westfalen. 1895. S. 139.

[24]) Vgl. die Kölnischen „Allodien" und Gerechtsame in Lacomblet's
Archiv f. die Geschichte des Niederrheins. IV, 356 ff.

[25]) So bezüglich der Klösterstätte Helmershausen 1360 „uff Engerscher
oder Westfelischer Erben" bei Ledebur a. O. S. 30. N. 172. Westfalen
bedeutet hier, was Lindner a. O. S. 141 verkannte, das schon erweiterte
Westfalen, dagegen könnte es, wenn nicht die späte Zeit 1510 Einspruch
thäte, in einer Wiedenbrück betreffenden Urkunde bei N. Kindlinger, Mün-
stersche Beiträge zur Gesch. Deutschlands 1793, 3 II, Nr. 219 also auf
der vagen Scheide von Altengern (oben S. 13), zweifelhaft sein, ob es
dieses oder das ausgebildete Westfalen betreffe.

[26]) Nach einer Urk. von 1364 lag Kloster Corvei in Westvalia. Ledebur a. O. S. 9. Nr. 26.

[27]) Bartholomaeus Anglicus, De rerum proprietatibus XV. c. 170.
Vgl. über ihn Jöchers Gelehrten-Lexikon s. v. Glanvil.

[28]) Chronicon ed. A. Potthast. 1859 p. 285, 277, 150. Aehnlich
stellte Gobelin. Persona (1358— c. 1421), Cosmodromium I, c. 5 vor-

Westphalie, abbatia Amelinghesborne unb oppidum Hamelen gelegen in metis Westphalie, bie Weſer alſo Scheibe zwiſchen Weſtfalen unb Sachſen. Nach 1400 benennt eine Aufzeichnung bie Freiſtühle in Walbeck[29]) unb zumal jenen zu Sachſenhauſen „auf weſtfäliſcher Erbe", unterſcheidet alſo bieſe bamil genau von bem fränkiſchen Theile ber Grafſchaft. Der Hauptweg, worauf Weſtfalen Engern erobert unb ſeinen Namen einverleibt, war buchſtäblich ber bes Rechts unb bes Friebens, nur war bie Oſtgrenze nicht ſchon, wie man leichtweg niederzuſchreiben pflegte, bie Weſer, ſonbern bas erweiterte Weſtfalen begriff auf ihrem Oſtufer außer bem Paberbornſchen auch ben Strich bes Fürſtenthums Minben. Dieſer Zuwachs unterſcheibet ſich wie in ber Zeit, ſo auch in ber Urſache bes Anſchluſſes von ber britten unb ſchönſten Oſtmarke, womit Weſtfalen jenſeits ber Weſer Fuß gefaßt hat.

* * *

Nur in Folge ber Kreiseintheilung kann ihm nämlich noch bie Grafſchaft Schaumburg angewachſen ſein, ſo baß ſie ſpäter[30]) nach ihrer Theilung ſowohl im Reichsgrafen-Colleg bes Reichstages, als auf bem weſtfäliſchen Kreistage geſonbert vertreten war.[31])

* * *

an Saxonia, cuius pars est Westphalia, quae est inter Weseram et Rhenum. Vgl. über ihn Mooyer a. D. 1 IV, 92 unb Linbner in ber Allgemeinen beutſchen Biographie s. v.

[29]) Linbner a. D. S. 141. Der verbienſtvolle Forſcher Curtze, a. D. S. 500 führt, trotzbem er bies Weſtfalen kaum zuerkennen mag, nach Quellen unb Hülfsmitteln u. A. an: „a. 1517 bas weſtphäliſche Recht zu Sachſenhauſen ober 1525 bas freye Gericht zu Sachſenhauſen in Weſtphalen."

[30]) Brockhaus' R. E. A[14]. 3. s. v. Schaumburg.

[31]) Kampſchulte a. D. 21, 198.

'Noch fehlt an Westfalen, bis es sich völlig abrundete,
ein beträchtlicher Strich, das Nord- oder Emsland, das
vereinzelt schon im 11. Jahrhunderte unter seinem Namen
einbegriffen war;[32]) daß es sich diesem vollständig unter-
ordnete, bewirkten seine engern Verbindungen mit dem Bisthume Osnabrück und sodann mit dem Hochstift Münster,
welches seit 1252 die Landeshoheit erwarb, seine dem West-
falenthume gleichartige, den andern Nachbarn abholde Volks-
natur. Klosterholte zu Vokeloh unterstand 1378 der westfälischen Johanniter-Ballei und das zugehörige Erbe Ha-
verbeck, welches 1401 an die Stadt Meppen verkauft
wurde, lag damals „in Westfalen."[33]) Von Holland aus
bahnten sich 1457 die Stadt Gröningen und die Umlande
nach „Westfalen" in der Richtung auf Frisoithe und das
Saterland, die ja beide nordländisch waren, einen freien
Handelsverkehr.[34]) Die Kreiseintheilung,[35]) worin das Nordland mit dem Hochstift Münster das gleiche Loos zog, hat
ihm dann den Westfalen-Namen gesichert,[36]) dagegen blieb

---

[32]) Oben S. 20.

[33]) Diepenbrock a. O. S. 216 f., Urkk. 5a u. 5b.

[34]) Ostfriesisches Urk.-Buch herausg. von E. Friebländer I Urk.
Nr. 720/721.

[35]) Im Uebrigen brachte die Kreiseintheilung durch die Kreistage
gerade unserm Lande einigen Ersatz für die ihm auf den Reichstagen
fehlende Vertretung; denn nachdem Friesland sich schon unter Otto III.
für Jahrhunderte ungefähr unabhängig vom Reiche gestellt (W. v. Giese-
brecht, Geschichte der deutschen Kaiserzeit A⁵ I, 664), war Westfalen zu
diesem mit der Auflösung des altsächsischen Herzogthums in eine immer
losere Verbindung gerathen, und als solches auf den Reichstagen im
Kurfürsten-Collegium nicht vertreten, auch nicht durch Köln (wegen
des Herzogthums Westfalen und Engern) im Reichsfürsten-Rathe; hierin
vermochte außerdem Waldeck keinen Sitz zu erwirken. Kampschulte a. O.
21, 166 ff. 175, 176.

[36]) Ebenso die hiesige Begeisterung für den münsterschen Humanismus,
welcher weithin den Namen Westfalen mit Ruhm und Ehre bekleidete.
Dies bezeugt namentlich Heinrich Schewe, geboren bei Cloppenburg, Pfarrer

dieser gewissen Streifen Norbengerns,[37]) ob sie auch dem
westfälischen Kreise anheimfielen, versagt.

* * *

Anderswo hat die Kreistheilung der Landeseinheit
großen Abbruch gethan; denn abgesehen von den Kölnischen
Landestheilen und den entfernteren Engernstrichen, die
gleich noch erwähnt werden, sind auf beiden Weserufern
braunschweigische Gebiete dem niedersächsischen,[38]) und mit
der Grafschaft Walbeck auch deren größere Nordhälfte dem
oberrheinischen Kreise[39]) zugetheilt, obwohl diese Abschnitte
entschieden dem Engern= oder schon dem Westfalenlande
angehörten, als die Neuorganisation ins Leben trat.

Wie sich also das sächsische Nordland und das Kern=
gebiet von Engern mit der Landschaft Westfalen zu dem
großen Lande dieses Namens zusammenschlossen, machten
die alten Stammesgrenzen regelmäßiger und entschiedener
ihre Rechte im Westfälischen als im Engernschen Be=
reiche geltend; hier rückte die Landesgrenze unklar und
schartig gen Süden in die Herrschaft Walbeck; gen Norden
in die Grafschaft Diepholz und gegen Niedersachsen vor.
Und da sie im Osten von Höxter nurmehr mit der En=
gerngrenze zusammenfiel, so schieden von Westfalen nicht

zu Schartel, der sich 1519 anreden ließ als Sagheterlandinus, Westphalus.
Vgl. über ihn und die hiesigen Anhänger des Humanismus Nordhoff in
der Zeitschr. für Preuß. Geschichte und Landeskunde (1880.) XVII 636 f.
645. Vgl. Diepenbrock a. O. S. 295 f. In M. Quaden, Geographisch
Handbuch 1600 p. 34 sind im Osnabrückischen die Norländer noch vorhanden, aber vom Emslande getrennt.

[37]) Z. B. der Grafschaft Hoya und dem Stifte Verden. Vgl. A. F.
Büsching, Erdbeschreibung A[7] VI, 240 ff.

[38]) Büsching a. O. IX, 341, 348 f.

[39]) Büsching a. O. VII, 239, 243 f. Kampschulte a. O. 21, 205.
Nr. 89.

nur die alte Engern'sche Südostmark bis zum Harze aus,
sondern auch ganze Landstriche rings um die Grafschaft
Schaumburg; denn fragmentarisch und ruckweise, wie einst
die Territorien entstanden, entsprach diese höchstens mit
einzelnen Saumstrichen einer Natur- und Stammesscheide,
sonst bestand sie aus Theilen der Gaue Marstem, Buki und
Tillithi, und weil ihre östlichen Säume nun zugleich die
Landesgrenze bezeichneten, so waren die jenseitigen Absplisse
jener Gaue für Westfalen verloren, obwohl sie mit diesen
noch Sprache, Hausbau und Recht[40]) gemein hatten.

* * *

Das Land Westfalen[40]a) hatte gegen die alte Landschaft
mehr als die Hälfte gewonnen, das große Nordland und
den noch größern Engernbezirk und mit ihm schöne Striche;
im Landesbereiche blieb auch nach der Kreistheilung die
Weser noch in gewissem Maße ein Binnenfluß.

Im Durchschnitt ist den Schriftstellern des spätern
Mittelalters[41]) Westfalen das Land gelegen zwischen Rhein
und Weser[42]) und ausgedehnt bis an die Gebiete von
Hessen, Berg, Geldern, Cleve, Twenthe, Drenthe, Friesland[43]) und Sachsen,[44]) so daß nach Witte sein Umfang
ungefähr einen Kreis bildete, dessen Durchmesser fünf Tage-
reisen (dietae) betrug.

---

[40]) Lindner a. O. S. 192, 193.

[40]a) Vgl. Lindner a. O. S. 465; abweichend von ihm deutet den
Namen H. Hüffer in Pick's Monatsschrift für rheinisch-westfälische Ge-
schichtsforschung und Alterthumskunde 1876. II, 273.

[41]) Unten S. 31.

[42]) Oben S. 22.

[43]) B. Wittius, Historia antiquae occidentalis Saxoniae seu nunc
Westphaliae. Ed. Monasterii 1778 p. 6.

[44]) Sonderbar genug galt auch der Westerwald (Westerwalda) für
ein auswärtiges Grenzgebiet; oder verstand man darunter das Siegener
Bergland?

Als Metropole erblühte dem Lande Münster; diese schöne und reiche Handels- und Gewerbe-Stadt, der längst die Reichsunmittelbarkeit[45]) Dortmunds ins Auge stach, wurde, nachdem Soest von seiner Höhe herabgesunken, zunächst von den Fraterherrn und Humanisten 1478 als urbs primaria Westphaliae[46]), 1503 als metropolis opulenta ... insignis, 1509 als praeclara urbs ... Vestphalie metropolis nobilissima[47]) sodann als urbs pulcherima et munitissima ex reliquis urbibus Westphaliae[48]) später von den ältern Geographen[49]) als caput totius Westphaliae, nobilis et magnifica civitas anerkannt und gepriesen. Sie behauptete sowohl ihre Blüthe wie ihre Freiheitsgelüste über den Westfälischen Frieden hinaus.

* * *

Zwar haben das Kölnische Südland und das Hochstift Münster dem Namen Westfalen Ehre und Mehrung bereitet, allein beide waren Grenzgebiete und das erstere noch einem auswärtigen Herrn unterthan. Das weitere Land bildeten, die Stifter Paderborn und Minden ausgenommen, kleine weltliche und geistliche Herrschaften, die, wie sie sich drängten, ebenso gern nach außen als nach innen neigten. Daß dennoch Westfalen sich ausbaute, so mancher Culturthaten rühmen und bis auf den heutigen Tag seiner ausgeprägten Eigenart fast überall erfreuen konnte, dankt es den unerschütterlichen und starken Mächten, die in seinem Volksthume wohnen.

---

45) W. Sauer in d. Westfäl. Zeitschr. 30, 104 ff.
46) Nordhoff in der Westfäl. Zeitschr. 26, 231.
47) Von Johannes Murmellius J. Niesert, Beiträge zur Buchdruckergeschichte Münsters 1828. S. 185, 13. Wittius l. c. p. 329.
48) Quae variis mercaturis et opificiis et campis abundat. H. Hamelmann, Opera Genealogico-Historica. Ed. Lemgoviae 1711 p. 83.
49) Kampschulte a. O. 21, 185. Vgl. auch die Eingabe der Stadt an den Papst von 1657 das. 24, 231.

Und was hätte das Land, das einst den Römern Ver-
berben brachte, den Franken den mannhaftesten Widerstand
entgegensetzte, dann seine Söhne zu glorreichen Thaten da-
heim[50]) und auswärts[51]) großzog, noch leisten können,
wenn seinem Volksthum Hebel untergesetzt wären von irgend
einer einheitlichen Macht. Aber statt einer solchen, die
auch den Ostengerischen Bruchtheil mit Westfalen zu ver-
schmelzen vermocht, walteten die schwachen Theile.

* * *

Nachdem so Westfalen bis auf die vielfachen und um-
gestaltenden Eingriffe der neuesten Zeit im Allgemeinen
nach den alten Landschaften- und Strichen umschrieben ist,
erübrigt noch, diese auf die Grenzlinien des Landes genauer zu prüfen. Die Marken zogen sich doch streckenweise dunkel, unsicher oder schwankend theils zwischen den
Grenzländern, theils, wie wir schon von den Grafschaften
Diepholz und Waldeck erfuhren, quer durch sie hindurch;
vollends blieben viele Grenzpunkte sogar auf der Scheibe
gut verwalteter Länder unbestimmt oder streitig bis in die
neueste Zeit.

II. Die Grenz-Kriterien.

Das Vorbringen und Weichen der Volksstämme, krie-
gerische und politische Gewalten, friedliche Einflüsse der Nach-

---

[50]) Noch nach dem dreißigjährigen Kriege gab es in den Kleinstädten
ausgezeichnete Kunsthandwerker.

[51]) Nach allen Weltrichtungen sind aus Westfalen gezogen Missionäre,
Colonisten, Kaufleute (Seefahrer), Gelehrte (Humanisten), Beamte, Künstler,
Buchdrucker. (Vgl. Nordhoff, Denkwürdigkeiten aus dem Münsterischen Hu-
manismus 1874. S. 129 f.) Krieger und Helden. Vgl. A. Hechelmann,
Die Wanderungen der Westfalen im Mittelalter. Paderborner Gymnasial-
Programm 1877. S. 3 ff. (Joh. Horrion) Panegyricus ... Ed². p. 6, 13.

barſchaft z. B. Verkehr und Bekehrungen, und namentlich
auch die Kräfte der Natur haben die Grenzen der Länder
und Völker beſtimmt, verändert oder verwiſcht; natürliche
und künſtliche Grenzmale ſind unter den Angriffen der
Elemente, der ſchaffenden oder zerſtörenden Menſchenhand
umgeſtaltet oder verkommen. Um die vormaligen Grenzen,
ihre Einbußen und Erweiterungen, gleichwie ihre unächten
Beſtandtheile feſtzuſtellen, leiſten willkommene Dienſte gewiſſe Forſchungsmittel und Kriterien, die hier vorzugsweiſe der
ſächſiſch-weſtfäliſchen Geſchichte und Geographie entlehnt
ſind. Unter den Grenzmalen werden, wie leicht erklärlich, auch ſolche herangezogen, welche bloß ein Gau
oder ein Landestheil an die Hand gibt. Da ſomit allerhand Hülfsmittel der Geſchichte, Alterthumskunde, Natur-
beſchreibung und Ethnographie einzugreifen haben, bedarf
es einer eingehenderen Volkskunde und einer weiteren Umſchau auf die ältere und neuere Literatur.

1. Gedruckte und ungedruckte Geſchichtsquellen aller
Art, angefangen von den Urkunden und Zeitungnotizen bis
zu den ſpäteren Aufnahmen. Die Quellen vermerken dann
und wann gewiſſe Grenzpunkte, Ortſchaften, Flüſſe, Natur-
oder Kunſtmale ihrer Zeit; Vereinbarungen oder gar Karten
ſtellen in neuerer Zeit, wohl auch in zweifelhaften Gebieten
die Grenzen feſt. Sonſt tauchen in den alten Schriften
nur Land und Leute im Zuſtande ihrer Zeit, oder auch in
der Lage gegenüber einem Nachbarvolke oder einer Himmels-
richtung auf. Den Landbeſchreibungen (ſeit dem 14. Jahrhundert) und den Erläuterungen der (jüngeren) Karten,
wovon die ſpäteren gerne den früheren Mehr oder Weniger
entliehen, fließen auch wohl hiſtoriſche Rückblicke ein und
kommt es auf eine Vergrößerung um eine Gegend
oder eine Bauerſchaft nicht an, wenn nur ungefähr die
Hauptſache getroffen wird. Während Bartholomäus An-

gelicus[1]) um 1360 Westfalen einerseits bis Köln, ander=
seits bis zum Nordmeere ausdehnt, halten sich Aeneas
Sylvius († 1464)[1a]) und die Hauptzeugen Werner Role=
vinck († 1502)[1b]) und Bernard Witte († c. 1522)[1c]) bis
auf Einzelheiten an dem Thatsächlichen. Hermann Hamel=
mann (1525—1595) schweift, obwohl mit Rolevinck bekannt,
aber verwöhnt durch die Kreistheilung, bei verschiedenen Ge=
legenheiten weit über Westfalen in die Nachbarlande über.[1d])

Was die ältern Karten betrifft, so geben sie ja manchen
kleinen Ort, manches Land und Ländlein, doch da haperts
an der Vollständigkeit, dort an den Lageverhältnissen und
die Grenzen haben oft nur allgemeine Gültigkeit.[2])

Wie ihre Erläuterungen, die für den Volksschlag und
seinen Charakter oft sehr günstig klingen,[3]) so bringen auch
die geographischen und ethnographisch=historischen[4]) Schriften,

---

[1]) Oben S. 23. N. 27.

[1a]) Historia de Europa c. 37. De Westphalia.

[1b]) De laude veteris Saxoniae nunc Westphaliae dictae. (1473/75)
I c. 1. Vgl. über ihn und seine Vorlagen H. Wolffgram in der Westfäl.
Zeitschrift 50. I, 129 f. 132. Wegele in der Allgemeinen deutschen Bio=
graphie s. v.

[1c]) Oben S. 27. N. 43. Vgl. über ihn und seine Vorlagen Nord=
hoff in der Westfäl. Zeitschrift 26, 228, 232.

[1d]) L. c. p. 73, 74. Alii sic definiunt Westphaliam: occidentale
Westphaliae latus est Rhenus, a Colonia Swollam vel Daventriam
usque. orientale latus est flumen Visurgis ab urbe Brema in Hassiam
usque .... vgl. über ihn Döring in der Allgemeinen deutschen Bio=
graphie s. v. Die Reichs=Stadt Köln sah sich nicht dem kurrheinischen,
sondern dem westfälischen Kreise zugewiesen. Büsching a. O. VI, 498 f.
Kampschulte a. O. 21, 179, 181.

[2]) Vgl. P, E. Richter, Bibliotheca Geographica Germaniae 1896.
S. 242 f. namentlich fehlt hier C. C. Voigt ab Elspe, Ducatuum An=
gariae et Westphaliae delineatio 1694. in J. Seibertz, Quellen der
westfäl. Geschichte III, I, 12 ff.

[3]) Vgl. über G. Mercators u. J. Hondius Atlas Minor von 1611
H. Hüffer in Picks Monatsschrift II, 274.

dies und jenes, oft zugleich etymologische Belege, versagen jedoch meistens gerade, wenn es auf die genaueren Grenzen und Grenzpunkte ankommt. Die westfälische Historiographie überhaupt fand seit ihrem Aufschwunge unter Ferdinand von Fürstenberg[5]) († 1683) erst wieder solidere Stützen an Chr. U. Grupen[6]) († 1767), J. D. von Steinen[7]) (um 1750), Justus Möser und Nikolaus Kinblinger, und die historische Geographie begrüßte 1800 als erste namhafte Frucht eine Abhandlung von Johann Friedrich Möller.[8])

2. Vor allem gelten hier die einschlägigen Forschungen[9]) in der Geschichte und Geographie.[10]) Historische Ereignisse, politische und kirchliche Anordnungen bestimmten den Zug, die Verschiebung und Regulierung von Grenzen; haben doch z. B. administrative Maßnahmen auf der einen und kirchliche Bekehrungen auf der andern Seite fast überall kleinere oder größere Striche unserm Lande gewonnen und

---

⁴) Namentlich zu erwähnen ist J. J. Winkelmann, Notitia histor. politica veteris Saxo-Westphaliae. Oldenburgi 1667.

⁵) Vgl. Nordhoff in der Allgemeinen deutschen Biographie VI, S. 707 ders. in der Westdeutschen Zeitschrift. (1889) VIII, 224.

⁶) F. Frensdorff in der Allgemeinen deutschen Biographie s. v.

⁷) Nordhoff, Kunst- und Geschichtsdenkmäler I, 126. ders. in der Westfäl. Zeitschr. 41, II 145. Vgl. auch P. Bahlmann in der allgemeinen deutschen Biographie s. v.

⁸) In seinen Patriotischen Phantasien A³ 1821 I, 34 ff. 66. Vgl auch die Schrift von 1804 bei Böttger a. O. III, 4.

⁹) Noch 1872 mußte von Hodenberg bei Böttger a. O. II p. VIII gestehen: . . . „weiß doch die wissenschaftliche Geographie und Ethnologie bis jetzt über Stammesverschiedenheiten und Grenzen der fernen Welttheile bessere Auskunft zu geben, als über die des eigenen Vaterlandes, wie das unsichere Hin- und Hertappen und die widersprechenden Angaben hinsichtlich der Stammesgrenzen in den namhaftesten Geschichtswerken bekunden."

¹⁰) Die bezügliche Literatur über Sachsen und Westfalen, namentlich die Arbeiten und Verdienste L. v. Ledebur's bei Böttger a. O. I. p. VIII ff. XXI, XLIII, XLIX und bis 1875 daselbst III, 10 Nr. 3. Ergänzungen und Nachträge bringt gelegentlich diese Schrift.

noch häufiger entfremdet. Kirchliche und politische Grenz=
bezirke erfordern eine vorzügliche Beachtung, insofern ihre
Außenseiten die Landesgrenzen bilden können. Bislang
ist auf die ersten kirchlichen Umgrenzungen überhaupt ein
großes Gewicht gelegt, als ob die Diözesen den alten Volks=
stämmen, die Dekanieen den Gauen angemessen wären.
Die Theorie trifft, so übermächtig [11]) sie auch die Forschung
beherrschte,[12]) in Sachsen nur bei einzelnen Bisthümern zu,
und wenn sie sich bei den Dekanieen im Durchschnitte be=
stätigt, so ergab sich das von selbst, indem alte volks=
thümliche Verbände, wo es auf ihr Gedeihen ankam, auch
unter neuen Verhältnissen die meiste Dauer und Lebens=
kraft versprachen. Sie leistet auch, wo man im Dunkeln
tappt, die nächsten und oft die einzigen Anhaltspunkte, um
Rückschlüsse auf ältere Landgruppierungen und Scheiden zu
machen; daher sie auch ausgezeichneten Forschern, nament=
lich Leopold von Ledebur und Heinrich Böttger bei ihren
Untersuchungen von Stammes= und Landesgrenzen zum
Ausgangspunkte diente. Weil durchaus brauchbar führte sie
ebenso leicht zu ihrer Ausbeute, wie [13]) zu manchen Irr=
thümern[14]) und auch, nachdem meine Beobachtungen[15]) aus

---

[11]) „Sie erlaubt keine Ausnahme" H. Böttger in der Zeitschr. für
Niedersachsen 1869. S. 88. derf. Diöcesan= und Gaugrenzen I. p. XXVIII.
[12]) Etwa von H. B. Wenck's Hessischer Landesgeschichte 1783. I,
26; 1789. II, 347 ff. 392 ff an. Näheres v. Scherer, Kirchenrecht 1886 S. 605.
[13]) Ihr Anhänger Curtze mußte jedoch schon a. O. S. 469 bezüglich
des Waldeckschen 1850 eingestehen: „Auffallend ist übrigens die Erscheinung,
daß bei uns mitten im sächsischen Lande die Grenzen der Paderborner
und Mainzer Bisthümer zusammenstoßen."
[14]) 1856 äußerte ihr gegenüber sein Mißtrauen G. Waitz im Cor=
respondenz=Blatte des Gesammtvereins der deutschen Alterthumsvereine
1857. S. 18.
[15]) Ur= und Kulturgeschichtliches von der Ober=Ems und Lippe in
der Zeitschrift für Preußische Geschichte und Landeskunde XX, 206 f.
unabhängig von F. Thudichum in der Beilage der Allgemeinen Zeitung

einem beschränkten Bezirke 1883 zu dem Resultate kamen, daß sie dort, „wo eigenartige Verhältnisse und gewaltsame Störungen obgewaltet", schweigen müsse, blieb sie in der vaterländischen Forschung den Kirchenhistorikern[16]) durchaus Leite und Maßstab.[17]) Wie leicht sie in allgemeiner Anwendung das Ziel verfehlt, zeigen auch diese Blätter an mehr als einer Stelle.

3. Großen Einfluß nahmen in kürzeren oder längeren Strecken auf Landes-, Volks- und Kirchenscheiden[18]) die Berge, Eggen,[18a]) Wälder, Wasserscheiden, Flüsse, Bäche,

---

1883 Nr. 121 und K. v. Richthofen, Untersuchungen über friesische Rechtsgeschichte 1882. 2. II, 746, 1192, 1285, 1305; beide sehen die Theorie auch in größern Landescomplexen scheitern, der letztere benennt zugleich ihre vielen Anhänger in der ostfriesischen Forschung seit 1808. „Die Freigrafschaften entsprechen, wie das auch von den Gauen festfteht, nicht immer den kirchlichen Grenzen . . . . sie greifen aus der einen Diözese in die andere über, und manche Kirchspiele sind in zwei oder mehrere Freigrafschaften eingeordnet." Linder a. S. 193.

[16]) Th. Reismann, Geschichte der Grafschaft Tekeneburg bemerkt 1889 in der Westfäl. Zeitschr. 47. I. 45. Nr. 1. „In dem umfangreichen Werke: Gründungsgeschichte der Pfarrkirchen u. f. w. des Biethums Münster 1885, hat Tibus die Grenze des Biethums vom Jahre 1313 festgelegt, die wir . . . als die ursprüngliche anzunehmen gezwungen sind; und da tritt uns nun die überraschende Erscheinung entgegen, daß Biethums- und Gaugrenzen nicht zusammen fallen; es schneidet nämlich das Biethum Münster auf der Grenze gegen Osnabrück mitten durch den Fenkiongau." Tibus hat, soweit mir bekannt (vgl. auch H. Finke in der Westfäl. Zeitschr. 53, 327) nichts erwidert.

[17]) A. Th. Holscher, der darnach das Biethum Minden in der Westfäl. Zeitschr. (seit 1875) und theilweise auch das Biethum Paderborn behandelt hatte, kannte meinen betreffenden Aufsatz, der ihm eine „angenehme Ueberraschung und Freude" bereitet hat. Der alte Herr hat sich aber auch in spätern Publikationen von seiner Idee nicht abbringen lassen.

[18]) Vgl. die alten Grenzbeschreibungen der Biethümer Bremen, Verden, Hildesheim und Halberstadt bei Böttger a. O. II, 128 f. 202 f. 309 f. III, 141 f.

[18a]) Dr. Meyer in den Osnabrück. Mittheilungen II, 117.

Quellen, Seen, Meere, (Riede, Sode), Niederungen[19]) Oeb=
striche von Moraft (Bruch, Benne, Pfuhl, Pol, Bol, Pal,
Bal,[20]) und Wehfand (Sinethi) hier wie anderwärts.

4. Zu den Naturgrenzen kommen und ftellenweife in
beträchtlicher Ausbehnung ältere und jüngere Erbanlagen,[21])
Schanzen, Wehre, Ver(per)haue,[22]) Wälle, Dämme, Hagen
(Knicke), Landwehren, Landgräben,[23]) Schlagbäume, Aus=
fichten (Hohelügt), und wie namentlich bei den Römern[24])
Grenz-, Warte- und Höhenburgen. Da man alte Erbwerke
oft mehr oder weniger verändert in allerlei Gebrauch
nahm, mögen auch von den „hiftorifchen" „Landwehren"
und „Burgen" noch mehrere in der Urzeit entftanden fein.[25])

5. Als Grenzmale dienten ferner Steine[26]), Pfähle,[27])
Bäume, Wege, Raine[28]) fowie vereinzelt auch wohl Grab-

---

[19]) v. Oppermann in der Zeitfchr. für Niederfachfen 1888 S. 35.

[20]) Böttger a. O. I, 4. N. 9.

[21]) Allgemeines in der Zeitfchr. für Niederfachfen. 1869. S. 86 f.;
bie Grenzfoffata der Diözefe Hildesheim bei Böttger a. O. III 142.

[22]) v. Cohaufen im Correfpondenzblatte des Gefammt-Vereins 1888
S. 80 f.

[23]) Vgl. Nordhoff, Delbrücker Land S. 12. N. 5, 17 N. 4, 38 f. 40 f.

[24]) Mommfen a. O. IV. 49.

[25]) Oben S. 8 u. 9. bezüglich der Burgen vgl. L. Hölzermann, Local-
unterfuchungen bie Kriege der Römer und Franken fowie bie Befeftigungs-
manieren der Germanen, Sachfen und des fpäteren Mittelalters betreffend
1878 S. VIII, 90.

[26]) Belege oben S. 12 u. 13 N. 57 und bei Holfcher a. O. 33 II 79, 80.

[27]) Schiller-Lübben, Mittelniederdeutfches Wörterbuch s. v. engeren.
Eine Aufnahme des Geometers Schraber von 1728 betraf die Limitfcheidung
zwifchen dem Fürftenthum Münfter und der Graffchaft Bentheim von dem
Haerpael bis an die Fußfteine zu Drivorde. Staats-Archiv Münfter,
M. L. A. Karten und Pläne, Repertor 81.

[28]) Ueber die drei letzteren Böttger a. O. III 141 f. über den Bir-
kenbaum bei Werl. vgl. Nordhoff a. O. S. 21, N. 3.

3*

alterthümer, indem die Gräber oft abseits der Wohnungen verlegt eine Grenzstelle einnahmen.[29]

6. Willkommene Aufschlüsse über Grenzen und Völkerscheiden geben stellenweise gewisse Orts-, Flur- und Hausnamen, welche Grenzen oder Grenzwerken entlehnt sind, als Lebbe, Landwehr, (Land-)Graben, Hagen, Stein, Marke, Grenze (Kante), Rand (Rond), Schnat (Schnede), Scheide, (Schei... Schier... Scheer... Schür... Schar ...), Egge,[30] Ecke (ey, ig), Winkel, Horn, Hoek,[31] Huke (Wiek), Wolf (Wulf), Hessel, Wende[32]), Sundern, Theil, auch Zusammensetzungen mit (binnen) vor[33] (far,[34]) aechter (hinten), buten (budde[35] außen), Ost, West, Süd, Nord, Eil...[36]), twie (zwei), drie[37] (drei).

7. Da und dort tragen auch Namen, welche ein an den Grenzen betheiligtes Volk hinterließ, also hier Sachse,

---

[29] J. H. Nünning, Sepulcretum Westphalico-Mimigardico-Gentile 1713. 1 IV, 6; 2, III 5.

[30] Nach Schiller und Lübben s. v. Schnede. „Nord" kam anscheinend nicht vor.

[31] Vgl. über diese Namen ihre Ablaute und „Hamm" Nordhoff a. D. S. 7. N. 1 u. 2; 9, N. 5; 12 N. 5.

[32] Vgl. die Beispiele bei Pöttger a. D. I 4. N. 9. I 9. N. 28. I p. I., II 7. N. 12a. II 17. n. 36a Hasel-Grenzstaude; Wolfs-Angel-Grenzzeichen das. II 7. N. 12a; über Scharrel das. II, 117 N. 221b Wolfshagen an einer rheinischen Landwehr. Bonner Jahrbücher 96. 359 f.

[33] Dr. Meyer in den Osnabrück. Mittheilungen II, 91.

[34] Vgl. über Achterberg bei Einzingen und Achternhöfe bei Bösingfeld. Holscher a. D. 33 II, 52, 37 II, 13.

[35] Putze- oder Puttes-Berg-Grenzberg. Das. 33 II, 81 N. 1.

[36] Elbringen, Eilenriede, Ellenstadt bei Holscher a. D. 33 II 76. 78. 53, 66. an Kirchengrenzen. Elbergen liegt an einer Gaugrenze die Eilermark mit Putenland zu Gronau gegen Holland. Vgl. Schiller-Lübben s. v. eiland, eland, olant, einlant, eiglant.

[37] Kirchliche Grenzen sind Twiehausen, Twistringen, Twiste, Driste. Holscher a. D. 33 II 64, 60, 69; — 37 II 38. Drieland bei Ochtrup auf drei Landesscheiden. Ueber Züschen vgl. Kampschulte Statistik S. 189.

Franke, Friese zur Entscheidung bei, vereinzelt sogar Sagen über die Stammesnatur der einstigen Grenzbewohner.[38])

8. Klärend oder gar entscheidend sprechen zu Gunsten des einen oder andern Landes die ethnographischen Eigenthümlichkeiten; diese haben doch gerade dem westfälischen Boden fast unauslöschlich Farbe und Einheit aufgeprägt, das Recht, die Sitten, Gebräuche, das Acker= und Trachten= wesen, der Hausbau, die Charaktere der Manu= und Artefacte, der großen und kleinen Künste, und vor allem die Mundart. Das Recht, z. B. jenes der Engern bezeichnet immer Engern=Land, aber nicht immer Westfalen=Land; denn beide deckten sich auch später mit dem erweiterten West= falen nicht, welches ja große Striche von Engern ausschloß.[39]) „Freistühle sind nur in Westfalen zu Hause; diese Lehre,[40]) welche Karl IV. später (1374) vortrug,[41]) stand lange in der Geschichts= und Landeskunde beinahe eben so fest, wie die uns bekannte, daß kirchliche und profane Grenzen über= ein stimmen. In der Regel machten sie Halt[42]) vor den Stammesscheiden[42]) und wo sie darüber hinausgingen, da mögen sie errichtet sein, als der Landesumfang noch schwan= kend oder in der Ausbildung begriffen war, oder sie standen wie an der unteren Ems[44]) oder in Ostengern bis zur Leine[45]) hin auf altsächsischem Untergrunde.

---

[38]) Z. B. des Saterlandes bei G. Sello, Saterlands ältere Ge= schichte und Verfassung. 1896. S. 12 f.

[39]) Oben S. 27.

[40]) Ihre ältern Vertreter nennt Curße a. O. S. 499 N. 1.

[41]) Lindner a. O. S. XIX, 414.

[42]) Möller, a. O. S. 54 ff. Z. S. Seiberß in der Westfäl. Zeitschr. 29 I, 101 f.

[43]) Möllers Ansicht a. O. S. 57, ein Südweststrich des Landes zu Sprockhövel, Blankenstein und Hattingen habe ihrer entbehrt, bestätigt sich nicht. Vgl. Lindner a. O. S. 88 f.

[44]) Vgl. Lindner a. O. S. 181 f. 194 f.

[45]) Lindner a. O. S. 191 f.

III. Die Grenzen.

Beginnen wir mit der Südgrenze des Westfalenlandes, so fällt uns im fernen Osten zwar nicht ein west=fälisches, aber ihm nahe verwandtes und längst verkanntes Engern=Gebiet ins Auge. Es erstreckt sich von der Weser bis zum Harze,[46]) von dem Hildesheimischen Ostfalen bis Thüringen und Franken — die sogenannten Göttinger Be=zirke, mehrere Gaue und die Mark Duderstadt,[47]) die wahr=scheinlich in Folge des Frankensieges an der Unstrut von den Thüringern ums J. 530 Sachsen überlassen[48]) sind. In dieser sächsischen Ostmark erhoben sich, weil sie früh=zeitig ein Spielball auswärtiger Einflüsse wurden, zwar keine Freistühle mehr, aber stets waltete dort engerisches Recht, und noch bis in unsere Zeit der westfälische Haus=bau[49]) sowie das „sächsische Idiom. Wenn der Hausbau"

<hr>

[46]) . . . Saxonum proxima Francis
   Adjacet ad boream tellus . . . Poeta Saxo in Erhard, Reg. II. W. I. Nr. 102. (Saxones) a meridie quidem Francos habentes et partem Thuringorum . . . Translatio s. Alexandri in Mon. Germ. Hist. SS. II, 675. Im 9. Jahrhundert spricht die Vita s. Liutbirgae in Mon. Germ. Hist. SS. IV, 159 offen von dem saltus, qui vocatur Harz, qui dividit Saxoniam et Thuringiam. Ueber den Mittelgraben beider Länder nach einer Urk. des J. 979 Fahne Bocholtz I, 251. Weitere Belege über die Berührung der Sachsen und Thüringer bei Böttger a. O. IV 330. Vgl. v. Ledebur, Ueber die Grenzen zwischen Engern und Thüringen in seinem Allgemeinen Archiv für Geschichtskunde des Preußischen Staates (1831) V, 26 f.

[47]) Wenck a. O. II, 351 N. c. 352. Lünzel a. O. S. 3. 6. A. F. Gfrörer, Papst Gregor VII. 1859., I, 137, 139, v. Ledebur im Allgemeinen Archiv. V, 26 ff., derf. in der Zeitschrift für Niedersachsen. 1868. S. 402.

[48]) Erhard, Reg. H. W. I, 81, Hauck a. O. I. 348.

[49]) Ueber die fränkisch=oberdeutsche und die sächsische Bauart vgl. R. Henning, Das deutsche Haus in Quellen und Forschungen zur Sprach= u. Culturgeschichte der germanischen Völker. Straßburg (1882) XLVII, 8 ff. 139 ff. 26 ff. 136 ff., über das westfälische Bauernhaus Nordhoff in Westermann's Illustrirten Monatsheften. Maiheft 1895 S. 226 ff.

in den Oftftrichen allmählig verfümmert und auf der Oft=
feite des Solling fofort verfchwindet, fo ift er hier allen
Anzeichen nach von Thüringen aus entftellt oder verdrängt
worden,[50]) Insbefondere lebt noch heute in jenen Oft=
ftrichen „ein fächfifches Idiom“ und zwar geht das Enger=
ifche bis Lauterberg, Ofterode, ja bis Ganderheim, in
Schattirungen gar über das niedere Eichsfeld von Duder=
ftadt bis Hedemünden.[51]) Die Grenze zwifchen dem
fächfifchen und thüringifchen Dialekt weicht nur hin und
wieder (und das auch nur) unbedeutend von der Volfs=
grenze ab, foweit fie beide bis jetzt feftgeftellt find.[52])

Wohl noch weniger wandelte fich die Stammesfcheide
gegen Franken weftwärts. Sie überfchreitet nach den beider=
feitigen Mundarten[53]) von Hedemünden den Nordhang des
Kaufunger Waldes, bei Wahnhaufen die Fulda und folgt
im Heffifchen der Wafferfcheide der Diemel füdlich an
Zierenberg, Althafungen und Wolfhagen[54]) vorbei ins
Waldecffche, wo fie in der Gegend von Schiebenfcheid[55])
und Sachfenhaufen die Diöcefe Paderborn und das Land
Weftfalen erreicht; denn vom Harze bis hierher war das
ganze Engerngebiet, deffen Südgrenze uns aufging, noch

---

[50]) Landau a. D. 1859 S. 10. 11. Grundriffe entftellter Haustypen
S. 10; 1857. S. 17.

[51]) Brockhaus R. E. A.[14] V, 33.

[52]) Die äußerfte fächfifche Sprachlinie geht über Prochthaufen, Weiffen=
born, Lüderode, Gerode, Holungen, Ohmfeld, Hundeshagen, Winzingerode,
Ferna, Berlingerode, Neuendorf und Elzenborn und näher der Werra über
Marzhaufen, Hebenhaufen und Mollenfelde. Landau a. D. 1859 S. 14.
Ueber einige Grenzburgen Müller a. D. 1870. S. 429 ff. über den
Sachfengraben C. v. Penningfen in der Zeitfchr. für Niederfachfen 1867
S. 77 f.

[53]) Werneke, die Grenzen der fächfifchen und weftfälifchen Mundart
zwifchen Rhein und Wefer in der Weftfäl. Zeitfchr. 32 II, 33 ff. 44 ff.

[54]) Die Wolfhagener Umgegend wird trotz ihrer fächfifchen Sprache
für heffifch erflärt von G. Landau a. D. 1857. S. 15.

[55]) Holfcher a. D. 37. II, 38.

Bestandtheil des Erzbisthums Mainz und westwärts zu=
gleich des Hessenlandes, womit Westfalen südwärts ab=
schnitt.[55a]) Im hessischen Engern erhoben sich die Bauern=
häuser noch meistentheils[56]) in westfälischer Einrichtung
und außerdem mehrere Freistühle, deren engerscher Boden
betont wurde.[57])

Da der ganze Südstrich bis zum Harze hin bei der
Gründung der sächsischen Bisthümer bereits dem Erzstifte
Mainz unterstand, so mußte hier, zumal auf günstigem
Erbreiche[58]) längst von auswärtigen Glaubensboten oder
gar von bekehrten Landessöhnen unter den gebieterischen
Forderungen der Franken wie unter den eifrigen Bemühun=
gen des hl. Bonifacius früh das Christenthum verkündet
sein,[59]) wenn es den apostolischen Mann nicht gar selbst
unter die Sachsen getrieben hat.[60])

Fürstenthum Waldeck.
Von Sachsenhausen bis Hallenberg.

Um den weiten Umkreis Westfalens festzustellen, han=
delt es sich zunächst um die Scheide gegen die Franken

[55a]) Oben S. 27.

[56]) Die Wohngelasse sind in die Vorderräume verlegt, die „Bühnen" zu
einem zweiten Stockwerke aufgehöht. Landau a. O. 1859. VII Beil. S. 9.

[57]) Lindner a. O. S. 159 f.

[58]) Gesucht waren schon in der Bekehrungszeit hiesige Pferde. Nord=
hoff in Natur und Offenbarung 37, 266 ff.

[59]) Vgl. Fr. W. Rettberg, Kirchengeschichte Deutschlands 1846. II,
400. Hauck a. O. II, 333, 342. Lünzel, Aeltere Diözese. S. 3. O. Fischer
in den Forschungen zur deutschen Geschichte 26, 643. Man will sogar zu
Arolsen eine Kapelle auf das Jahr 541 (E. Behse, Geschichte des Hauses
Lippe und Bückeburg S. 184) und das Christenthum des sauerländischen
Ortes Hesborn neben der Waldeck'schen Westgrenze auf die apostolische
Thätigkeit des hl. Goar zurückführen. Kampschulte Statistik. S. 191.

[60]) Vgl. namentlich Hauck a. O. I 450 f., 454, 457, Curtze a. O.
S. 322 ff. 327. 328. N. 1, 469.

unb ba beſtätigt ſich uns gerabezu, was ihre Schriftſteller
bezüglich ber Grenzmarke bezeugt haben, baß ſie nämlich
überall in ber Ebene liege unb nur ſelten von Wälbern
ober Berghöhen angegeben[1]) ſei. Walbeck gehörte zwar
ſpäter nicht zum weſtfäliſchen Kreiſe, boch vor beſſen Einrichtung ſchon geraume Zeit zu Weſtfalen.[1a]) Man ſollte
zunächſt erwarten, baß bie Grenze einfach in ber Süb-
unb Oſtgrenze bes Bisthums[2]) Paberborn zu ſuchen ſei.
Allein jenſeits bieſer ſtießen uns bereits Ortſchaften auf,
bie ſich entſchieben zu Weſtfalen bekannten,[3]) unb ba im
Walbecker Länbchen ſich überbies bie Volks-, inigleichen
mehrere Diöceſan- unb Gauſcheiben wirre in einanber verfangen,[4]) ſo bleibt nichts übrig, als uns an ber Volksſcheibe
zu halten. Da zeigen ſich zunächſt mächtige Unterſchiebe
zwiſchen ben Eber-[5]) unb nörblichen Strichen, bort ein
ſchwächerer unb regſamer Volksſtamm, bie oberbeutſche
Mundart, eigenthümliche Ausbrücke im Rechts- unb Ver-
waltungsweſen, kleinere unb fränkiſche Häuſer, befeſtigte
Kirchhöfe mit überbauten Thoren, hier ein ſtarker Körper-

---

[1]) . . . . termini videlicet nostri (Francorum) et illorum (Saxonum) paene ubique in plano contigui, praeter pauca loca, in quibus vel sylvae vel montium juga interjecta utrorumque agrus certo
limite determinant. Einhardi Vita Karoli M. c. 7 in Mon. Germ·
Hist. II 446
         . . . Vix limite certo
Divisi gentis fines utriusque cohaerent.
Poeta Saxo bei Erbard Reg. Reg. H. W. I Nr. 102.
[1a]) Oben S. 24.
[2]) Bei Holſcher a. D. 37. II, 20, 25, 39 f. vgl. Böttger a. D. I
180, 204.
[3]) Oben S. 23 u. 24.
[4]) Vgl. S. 40, 42 unb Curße, a. D. S. 467 f. 469. G. Z.
Roſentranz in ber Weſtfäl. Zeitſchr. XII, 19. Vgl. Böttger a. D. III,
122 ff.
[5]) In beren Umgegenb einſt auch ber Weinſtock gebieh. Rorbhoff ber
vormalige Weinbau in Rorbbeutſchlanb 1877 S. 18.

bau, ein ernstes und zurückhaltendes Naturell, die niederdeutsche Mundart und das westfälische Bauernhaus.[6])
Genauer zeigt dann die Sprache die Stammesscheide[7])
und zwar im Süden von Sachsenhausen, zwischen Ober-
und Nieder-Werbe, nördlich von Böhl, zwischen Asel und
Brinkhausen, wo sich also die Eder nicht als Schranke zu
halten vermochte, dann im Süden von Kirch-Lotheim und
endlich an der Nuhne im Süden von Sachsenberg; denn
dies gehörte, obgleich es in der Sprache mehr dem Süden
als dem Norden zugeneigt, dem Mainzer Sprengel und dem
Ober-Lahngau eingeordnet war, sicher ursprünglich zum
alten Sachsenlande, weil dafür sein Name und sein Freistuhl mit Engern-Rechte bürgt.[8])   Die Linie hält sich in
beträchtlicher Entfernung jenseits der Paderborner Diöcesan-
grenze und ihr verleihen von der stattlichen Reihe hiesiger[9])
Freistühle noch jene zu Sachsenhausen, Braunsen bei Landau,
Munafholbern, „an dem Schybelscheide" zwischen Sachsenhausen und Freienhagen[10]) ein besonderes Gewicht.

Provinz Westfalen.
Von Hallenberg bis Wenden.

Von der Waldeck'schen Südwestspitze sucht die Scheibe
die Nuhne aufwärts die Grenze der Provinz oder vielmehr
die Südostgrenze des alten Angarier-Gaues[1]) und der alten
Westfalen-Landschaft, die sich auf der langen Süd- und

---

[6]) Curtze a. O. S. 201—204; über die mehr nach der Paderborner
Diöcese sich richtende Bauscheibe vgl. Landau a. O. 1859. S. 11 f.

[7]) Näheres bei Wernefe a. O. 32. II, 46 ff.

[8]) Curtze a. O. S. 469, 199. Ledebur, Bructerer. S. 150. Wernecke
a. O. 32. II . . .

[9]) J. A. Varnhagen in Wigand's Archiv 1, II 97 ff. 1, III 59 ff,

[10]) Lindner a. O. S. 141 ff.

[1]) Ab oriente quoque ad meridiem datur terminus Nune nempe
fluvius. Voigt ab Elspe l. c. in Seibertz' Quellen III, 113.

Weststrecke wieder mit Franken berührt. Hier umfängt sie
Braunshausen und Hallenberg, ersteigt dann ein Waldge-
birge[2]), west- und nordwärts die Wallershöhe und den
kahlen Astenberg, worauf der Freistuhl stand,[3]) schneidet
hier mit einer engen Schleife Neuastenberg[4]) als Frankenland ab, folgt dann südwestwärts meistens den Windungen des Rothhaargebirges bis Welschen-Ennest und voll-
endet ihren südwestlichen Lauf auf der äußersten Grenze
des Kreises Olpe östlich an Wenden vorbei im Süden
von Hünsborn, so daß dagegen die Länder Berleburg
und Siegen genau abstechen;[5]) denn diese oder vielmehr
die heutige Süd(ost)spitze der Provinz hatte mit dem historischen Westfalen weiter Nichts gemein, als daß sie zusammen
Nachbarn waren.[6]) Wie die geschichtlichen, so erscheinen
auf der Nordseite im Sauerlande alle ethnographischen
Verhältnisse ausgeprägt westfälisch: die Sprache, der Hausbau, den allerdings ein Höhenstreben abzeichnet[7]) und nicht

[2]) Seibertz in der Westfäl. Zeitschr. 26, 36.

[3]) Seibertz a. O. 29, I 78.

[4]) „Neu-Astenberg, eine etwa vor 120 Jahren angelegte und mit
Sachsen besetzte Colonie". Landau a. O. 1859 S. 16. Kampschulte, Statistik S. 192.

[5]) Grenzstreitigkeiten mit Berleburg betrafen Mast- und Holzfrevel.
Fr. Winkel, Ludwig der Aeltere, Graf von Sayn 1855. S. 29, 65. Vgl.
jedoch Voigt l. c. III 114.

[6]) Der beiden eigene Bergbau ist schon in prähistorischer Zeit (Schaaff-
hausen in den Bonner Jahrbüchern 77, 210 ff.) begonnen und im Siegser-
lande mit dem 13. Jahrhundert auf Eisenerz betrieben (v. Achenbach, Aus
Siegerland's Vergangenheit 1896 S. 223 f.); in Westfalen erwachte er
auf Kloster-Corveier Besitzungen früh, und förderte stellenweise so gegen
1200 zu Hagen, wo aurifabri (Kindlinger a. O. II. Urk. 38) vielleicht
neben dem Goldberge saßen (Troß in seiner Westphalia 1826 S. 8)
jedenfalls schon Edelmetalle, dann, merklicher jedoch erst im 15. Jahrhunderte Steinkohlen. W. Grevel, Statistik des Kr. Essen. 42. Siegen gehörte später zum westfälischen Kreise. Büsching a. O. VI, 277, 265.

[7]) Nordhoff, Haus Hof, Mark und Gemeinde Nordwestfalens 1889.
S. 31.

minder die Freistühle[8]) Zu Braunshausen und Hallenberg verrathen gegenüber dem fränkischen Wesen Geschichte und Hausform die altwestfälische Grundlage,[9]) zu Hallenberg überdieß der Freistuhl.[10]) Jetzt füllt auch die Neuastenberger Schleife westfälisches Leben bis Langewiese hin, wo allerdings die Poststation mit den Stallungen im Untergeschoß noch der fränkischen Bauart[11]) anhängt. Auch die Freistühle, die man auf fränkischer Seite finden wollte,[12]) erwiesen sich bei näherer Untersuchung als Denkmäler der rothen Erde.[13]) Zudem verfangen die Pferdeköpfe an Siegener Häusern wenig, denn obschon sie in Westfalen recht zu Hause sind, meiden sie doch auch den weitern Süden nicht[14]) und wie die Nicolaikirche in Siegen[15]) als Sechseck beweist, rechnete man hier um so mehr mit etwaiger Bauhülfe vom Rheine, als das benachbarte Sauerland sich höchstens auf läubliche Meister und in Kunstangelegenheiten auf Soest[16]) und andere Plätze des Mittellandes angewiesen sah.

---

[8]) Ihre geschlossene Reihe bei Lindner a. O. S. 127 ff., die Sprachscheide bei Wernecke a. O. 32. II, 48, die Bauscheide von Wilhelmshausen bis Wenden bei Landau a. O. 1859 S. 16 f.

[9]) Vgl. Wernecke a. O. S. 47, 48. Landau a. O. 1859. S. 16. Kampschulte, Statistik S. 47, 48, 190.

[10]) Hinter der Burg an dem Hagen. Lindner a. O. S. 131.

[11]) Das fränkische Haus liegt getrennt von der Scheune, hat an der Langseite den Eingang und im Souterrain die Ställe. Landau a. O. 1857. S. 16. 1860 Beil. S. 1.

[12]) Vgl. H. Achenbach, Der Freistuhl an der Breite. 1881. S. 7.

[13]) Seibertz a. O. 29, 101 ff.

[14]) Philippi im Siegener Urk. Buche 1887. I, p. XI. Die Siegen-Berleburger Haustheile und ihre Benennungen gibt Landau a. O. 1860. S. 5.

[15]) Vgl. W. Lübke, Mittelalterliche Kunst in Westfalen 1853. S. 431. Seit dem Spätmittelalter erschienen hier Künstler von Wetzlar.

[16]) Es war wie im Handel so auch in der Kunst der Vorort des Sauerlandes bis ins Waldeck'sche hinein. Wenn jedoch in romanischer

An dem hohen Grenzkamme sind charakteristische Bo-
denfunde kaum zu erwarten, wohl aber bezeichnende Ortsnamen: so der Burgkopf westlich von Wingenhausen, der
Heckenkopf, die „hohen Mahl-Steine", die „hohen Mühl-
steine", der hohe „Wal-Berg" und zwei denkwürdige Bäume
südlich von Heinsberg, [17]) Hohenhayn, Heiligenborn und
Wildenburg nördlich von Mausbach. Andere Namen wie
Zwiftmühle (Hof) zu Neu-Astenberg, Watschenhorn bei
Welschen-Ennest, Scheider-Wald, Alten-Wenden undWenden[18])
„auf dem Holzenschlag" bei Hünsborn, streckenweise auch
Hecken [19]) zeigen eine Endschaft oder Scheidewehren an.

Von Wenden bis Anholt.

Im Südwesten wahrt die historische Grenze im Ganzen
den Saum der Provinz bis Anholt im Münsterischen, ohne
jedoch deren auffälligen Einknickungen bei Neustadt,
Barmen, Essen und Brünen zu theilen; allein diese

Zeit die Berg- und Thaldörfer sich noch die kleine Soester Basilika
bauen konnten, so begnügten sie sich später, als hier die Cultur den Rück-
gang antrat, (Vgl. Seiberz in Wigand's Archiv. I, 4. 82 f.) mit dürftigen,
fast stillosen Steinbauten und demgemäß mit ländlichen Handwerkern.
Diesen gehört sogar an der gothischen Kirche zu Attendorn das Mauer-
werk, dagegen anderweitigen Meistern das Steinwerk (Nordhoff J. in
Brunnabend's Attendorn 1878. S. 16.) In Corbach begegneten einander
Soefter Malweise und fränkische Bauleute. Derf. in von Lützow's Kunst-
Chronik 1891/92. Neue Folge. S. 370 f. 394.

[17]) C. Mertens in der Westfäl. Zeitschr. 41, 209.

[18]) Außer diesem Wenden mit dem Freistuhle (Seiberz in der Westfäl. Zeitschrift 29. I, 70) gehört dem Südostwinkel des Landes der merkwürdige Ort Römershagen; einst ein sehr besuchter Wallfahrtsort (H. v.
Achenbach, Aus Siegerlands Vergangenheit. 1895. S. 37) war er ursprünglich zur Dekanie Siegburg gerechnet, und 1700 nach einem Verzeichnisse
nullius certae dioeceseos. Kampschulte, Statistik S. 208.

[19]) Die Siegener Grenze folgt überall einer Reihe von alten Schanz-
werken, welche aber auf die Höhen zurückweichen, wo sie Bachläufe hält.
von Cohausen im Correfp.-Blatte des Gesammt-Vereins 1888 S. 80 f.

würden bis auf eine ober zwei ungefähr abgeschliffen, der sonst genaue Grenzlauf beinahe ungestört geblieben sein, wenn das Land nicht mit der Zeit an jenen Stellen bedeutende Einbußen zu Gunsten des (westlichen) Rheingebietes erlitten hätte. Denn ursprünglich bildete hier die Scheide eine weitgedehnte, mehr oder weniger gerade Dammlinie, und diese ist keine andere als der römische (Grenz) limes, der in fünf, drei, zwei, oder wo eine kräftige Naturwehr ihn verstärkte, in einem Walle da und dort noch deutlich vorliegt.[19a] Vom Süden,[20] wie gesagt,[21] gekommen, über Remshagen und Bruchhagen heraufgeführt, nähert er sich bei Leichtinghagen unserm Lande oder vielmehr bei der altwestfälischen Grafschaft Gimborn, streicht im Ganzen östlich von Wipperfürth über Lenderkusen zum Kreuzberge, dann in manchen Windungen über Lohe, Garbeweg, Beinhausen, Kortmannshausen nach Unter- und Ober-Buschsiepen, in den Westen von Altendorf, auf Hippenhäuschen, durch den Osten von Klaukenburg, dann gebogen um Finkensiepen und Vorbeck auf Schlechtenbeck, durch den Osten von Wellershausen ins Ennepethal, schlägt im Norden von Silbe einen Bogen nach Westen[22] auf Remlingrade und Beienburg, begleitet im Süden die Wupper ungefähr über Markscheid bis Barmen, theilt diese Stadt,[23] hält die süblichen Höhen des Deilbaches über Dönberg und Walmichrath bis Langenberg,[24] taucht zwischen Velbert und

---

[19a] J. Schneider, Neue Beiträge II, 98 ff. Die meisten Strecken bei A. Fahne, Die Landwehr oder der Limes imperii Romani am Niederrhein, in der Zeitschr. des Bergischen Geschichtsvereins (1878) XIV, 156 ff. 180 ff. Oben S. 8. f.

[20] Vgl. J. Asbach in den Bonner Jahrbb. 86, 274.

[21] Oben S. 9.

[22] Auf der Liebenow'schen Karte.

[23] W. Crecelius a. O. 27, 296 ff.

[24] In Breckerfelde offenbart noch in 'gothischer Zeit der basilikale Kirchenausbau den rheinischen Einfluß. W. Lübke im Anzeiger für Kunde deutscher Vorzeit. 858 S. 144 f.

Werben wieder auf, schneidet hier bei der Brücke die Ruhr,[25] streift „auf der Lanbert" im Westen Brebenei, weiter auf der Essener Kreisgrenze die Höfe Fallerum[26] und Landermann, gewinnt in kurzem Süd-Westbogen Dümpten, weiterhin, ungefähr wieder in der früheren Richtung, Schloß Oberhausen und geradewegs Sterkerade, dann westlicher geneigt die Punkte Op den Dyk und Bollwerk, geht darauf beinahe nordwärts auf die Egger Heide, kehrt südwestwärts auf Püttmann zurück, schlängelt von hier über Hünxe auf Gartrop und setzt auf das rechte Ufer der Lippe bis Schermbeck[27] hin.[28] Von hier macht sie ein seltsames wohl durch die Bodenart angegebenes Knie, indem sie südwestwärts eine Schleife über die Punkte Damm, Schanzmann, Huwermannshof zieht, und von hier gleitet sie dann auf dem jenseitigen Ufer der Yssel in einen Nordwestlaufe über Hamminkeln, Schwinumbshof, Loikum und Kruisbyk nach Jsselburg, von wo sie durch den Süden der westfälischen Gemeinde Anholt gegen Emmerich abschwenkt.[29]

Vergleichen wir das großartige Dammwerk mit der Scheibe der Provinzen, so weicht es durschnittlich mehr in die rheinische als in die westfälische Provinz ab; doch deckt es sich mit der westfälischen Grenze ungefähr bei Kreuzberg, im Gebiete der Ennepe, zwischen dieser und der Wupper, von Barmen bis Langenberg, von Oberhausen bis Schermbeck, von Hamminkeln bis Ysselburg. Jm Sü-

---

[25] Schneider a. O. IV. 1.

[26] Schneider a. O. III und Karte.

[27] Kölnischen Bisthums Stadt Schermbeck, Münsterischen Alt-Schermbeck (Schyrenbecke) Böttger a. O. I, 11. v. Ledebur in seinem Archiv IV, 38.

[28] Von jetzt an nach Schneider a. O. II und Karte.

[29] Ohne auch hier den Scheidecharakter ganz aufzugeben. Vgl. Urk. von 1542 in den Annalen des historischen Vereins für den Niederrhein 1862 S. 170.

ben von Schwelm theilt die Grenze sogar mit dem Damm-
werke die Westschwenkung. Muß die allgemeine Ueberein-
stimmung oder Nachbarschaft zwischen dem Damme und der
Provinzialscheide auffallen, so überrascht es geradezu, daß
die bedeutendsten Scharten im westfälischen Grenzsaume
erst in Folge späterer Umwälzungen entstanden sind. So
lange der altwestfälische Boden jene Grenzschäden nicht
kannte, machte der römische Grenzwall überall die Grenzmarke und meistens bis auf die genannten Ausbiegungen
in geraden Zügen.

So gehörte, wie schon das Vemgericht,[30]) heute noch
die Sprache[31]) und die soester Hallenform der romanischen
Kirche zu Gummersbach[32]) beweist, die Herrschaft Gimborn
mit Neustadt und Gummersbach[33]) zur Grafschaft Mark.
Aus gleichen ethnographischen und historischen Gründen
war das Fürstenthum Essen[34]) westwärts bis Brebenei
und beinahe bis Oberhausen durchaus sächsisch-westfälisches
Land. Dasselbe gilt, wenn man den Dämmerwald aus-
schließt, von dem südwärts vom Limes umfaßten Striche
Schermbeck-Brünen, denn seine Plätze Brünen, Dingben,
und Ringenberg bekannten sich ethnographisch und kirchlich

---

[30]) Lindner a. D. S. 91.

[31]) Wernele a. D. 32. II, 53.

[32]) In Beschreibung und Grundriß mitgetheilt vom Herrn Professor
Dr. Mausbach.

[33]) Mit Runderoth und Marienheide. Lindner a. D. S. 91. Büsching a. D. VI, 484, 488. Webdigen's Neues Westfälisches Magazin
(1790) II, 23.

[34]) Ungeachtet des heimischen Freistuhles bediente es sich in der Regel
der Stühle der Bochumer Freigrafschaft. Lindner S. 91. Ueber die Sprache
Wernele a. D. 32 II, 54. Frilenbuson ad marcam Francorum et Saxonum in einer Urkunde des Erzbischofs Peligrin vom Jahre 1027 bei
Lacomblet, Niederrheinisches Urk.-Buch I, Nr. 162 ist Fronhausen auf
sächsischer Seite. J. Evelt in der Westfäl. Zeitschr. 23, 12 f.

zu Weftfalen. [35]) Noch mehr: die Barmer Landwehr bil-
bete ebenfo die Landesgrenze zwifchen Berg und Mark,
wie feit den älteften Zeiten die Kirchengrenze zwifchen den
rheinifchen und weftfälifchen Decanien; fie hat Oberbarmen
der Liebfrauenkirche zu Schwelm, [36]) Unterbarmen der
Laurentiuskirche zu Elberfeld zugetheilt. [37]) Erwägt man,
daß hier gegenwärtig von der einftigen Trennung wenig
ober Nichts mehr zu merken, ganz Barmen dem Weften
zugethan ift, fo hat man ein fchlagendes Beifpiel dafür,
wie fich mit der Zeit auf beiden Flanken der urfprüng-
lichen Kunftfcheide die Landesmarken wandelten, ablöften
und verfchoben. Solche Verfchiebungen über die Damm-
marke wurden zu Wellingrabe und Rabe „vorm Walde"
burch den letzteren verhindert, ergaben fich aber dort wie
von felbft, wo die Nachbarn fich durch unwirthliche Grenz-
fäume, Waffer oder Heide von ihr abgeftoßen oder getrennt fahen, und der jenfeitige Anwohner diefe ungehin-
berter beherrfchen und als Grenzland in Nutzung nehmen
konnte.

Der Proceß vollzog fich um fo geräufchlofer, als das
Dammwerk, auch wenn es da und bort mit Holz befetzt
war, mit der Zeit in fich verfank, indeß die anliegenden Natur-
fcheiden, zumal Sanbftriche oder Niederungen, eher ihren
Beftand und ihre Widerftandskraft gegen ihre nächften Anwohner behaupteten. Und da es deutlich gegen Often,
alfo gegen Weftfalen errichtet war, und die dieffeitigen
Naturwehren möglichft zur Verftärkung verwerthet wurden,
erfcheinen auch die Einbußen an's Rheinland beträchtlicher,

[35]) Tibus a. O. S. 214, 1024 und Karte. Ueber die Bemftühle
Lindner a. O. S. 9 f.
[36]) Kr. Hagen, Dekanie Lüdenfcheid. Böttger I, 7. Vgl. S. 52 N. 50.
[37]) Crecelius a. O. 27, 296 und daher der Oft- und Wefttheil der
Stadt Barmen bis heute noch fprachlich unterfchieden. Bauernfeind im
Programm der Realfchule II. Ordnung zu Barmen 1875/76. S. 3.

als umgekehrt. So sind, wie ein Vergleich der Limes- und
der Provinzialscheide in die Augen springen läßt, im Osten
der Kunstscheide etwa von Sterkerade bis zur Lippe die
Heide- oder Bruchzonen mehr den jenseitigen, als den westfälischen Anwohnern zu Gute gekommen, und diesen auf
die Dauer nur die nahe, dem Damme schon entlegenere
Kirchhellener Haide geblieben. Ebenso wie das bergische Gebiet von Barmen bis Langenberg, hat das niederrheinische
von Hamminkeln bis Isselburg die Kunstscheide dort bis
an den Deilbach,[37a) hier bis an, stellenweise gar bis über
die Issel überwuchert. Ganz deutlich that sich auch das
unwirthliche Winkelstück im Norden der Grafschaft Gimborn, zumal da noch die Wipper gegen Westfalen eine Art
von Schranke zog, nicht diesem, sondern dem Bergischen
zur Besiedelung auf.

Nordöstlich von Wesel kam der gebogene Grenzwall auf
etwa 1 Meile dem Rheine am nächsten, und hier mag er
dem westfälischen Einflusse den schwächsten Halt geboten
haben; denn noch später handelt es sich gegenüber dem
clevischen Lande um „de affelinge des Stifft Münster vor
Wesell"[38], und auf diesen Strich bezieht sich am Ersten die
verfängliche Aussage Heinrichs von Herford:[39] Archi-
episcopus (Coloniensis) ducatum Westphalie obtinuit

[37a) Hier liegen die Verhältnisse sehr anschaulich und lehrreich: der
Deil- und der Hardenberger-Bach theilen Langenberg in drei Theile. Der
eine liegt auf dem rechten Ufer des Deil-, der andere auf dem linken Ufer
des andern Baches, der älteste im Winkel beider. Hier erhebt sich das
Land unmittelbar von den Bächen an zu einem Berge, dem „Eickeshagen"
(B. Schrader, Programm des Realgymnasiums zu Langenberg, 1895 S.
14). Im Orte ein gemischt-niederdeutscher Dialekt, jenseits des Deilbaches
der rein sächsische. Heimatskunde von Langenberg 1897. II, 46.

[38) J. Hobbelings Beschreibung des ganzen Stifts Münster. Heraus-
geg. von J. D. von Steinen 1742. S. 126.

[39) ad an. 1156. l. c. p. 159.

usque ad sagitte jactum in Rhenum.[40]) Daß der Aus-
druck poetisch ober übertrieben ist, leuchtet aus allen Verhältnissen hervor.[41])

Der Antrieb zum Hin- und Herwogen über die
Dammscheibe beruhte wesentlich auf christlichen Einwirkungen
und politischen Eingriffen: diese haben Brünen und Ring-
genberg,[42]) sobann die Grafschaft Gimborn[43]) und namentlich das schöne Essener Stiftsgebiet[44]) von Westfalen
abgerissen und dem Rheingebiet zugeschlagen.

„Interessant ist die Thatsache, daß die Grenze beider
Völker mitten durch den heutigen Landkreis Essen ging."
Südwestlich von Essen liegen, und zwar an der Stammes-
scheibe, Frohnhausen[45]) auf sächsischem, südlich die Hon-
schaft Brebenei im Osten der Landwehr auf fränkischem
Boden, beide im selben Kreise.[46])

Waren von Westen und Süden schon in Urzeiten
allerlei Einrichtungen des Hauses, Hofes und der Wirth-
schaft nach Westfalen gedrungen,[47]) so hatte das Christenthum

[40]) Noch weiter geht Adam. Bremensis, Historia ecclesiastica I c.
1: Positio Saxoniae recte metientibus trigona videtur, ita ut primus
angulus in austrum porrigatur usque ad Rhenum flumen. Vgl. Erhard, Reg. H. W. I p. 58.

[41]) Darum ist auch die Aufstellung Böttgers a. O. I, 10 Nr. 32;
64 Nr. 160, als hätten die Kirchspiele Sterkerabe, Holten, Hiesfeld, Dins-
laken einst einer westfälischen Decanie zugestanden, einfach abzuweisen, obschon der Freistuhl zu Hiesfeld, worauf er sich weiterhin beruft, vorhanden
war (J. D. von Steinen, Westphälische Geschichte. Neue Auflage 1797, I.
198). Vgl. oben S. 37.

[42]) R. Rindlinger, a. O. III, 262. Tibus a. O. S. 213 ff.

[43]) Lindner a. O. S. 91. Büsching a. O. VI, 486.

[44]) Rampschulte in der Westfäl. Zeitschr. 21, 227 f.

[45]) Oben S. 48.

[46]) W. Grevel Statistik des Kreises Essen S. 24, 36. P. Clemen,
Kunstdenkmäler des Kreises Essen 1893. S. 63 und Karte, wo indeß die
einstige Zugehörigkeit zu Westfalen nicht mehr erwähnt ist.

[47]) Nordhoff in Westermann's Illustrirten Monatsheften, 1895. Mai-
Heft. S. 231 f. Derselbe, Haus, Hof. S. 13 f. 18.

frühzeitig wie im Südosten auch im Westen und hier durch
rheinische und angelsächsische[48]) Missionäre[49]) einzelne
Punkte im Innern und in der Grenzgegend[50]) erobert, und
das um so leichter, als auf beiden Seiten klarweg volks-
thümliche Gemeinsamkeiten bestanden, worin das sächsische
Element überwog. Es waltete mehr oder weniger ausge-
breitet in der Sprache, im Hausbau, in den Einzelhöfen,
in den Hof= und Ortsnamen (auf „hausen"), sogar in
den politischen Gemeindebildungen in der Umgegend von
Werden, im ganzen Bergischen, von Ruhrort abwärts an
beiden Seiten des Rheines. Insbesondere spricht man zu
Werben, Lüttringhausen, Elberfeld, Barmen, Langenberg
im Wesentlichen den niederdeutschen b. h. den westfälischen,
am Niederrhein einen wenig abweichenden Dialekt.[51]) Man
hat das westfälische Bauernhaus[52]) wie den Einzelhof[53])
mitunter auch die Bauerschaft[54]) im Bergischen; sogar rech=

---

[48]) Diese in Erinnerung an die Stammverwandtschaft. Hauck a. O.
II 333 f.)

[49]) Näheres bei Evelt a. O. XXIII, 12 f. Erhard, Reg. II. W.
I Nr. 94. Kampschulte, Statistik. S. 56. Hauck a. O. I, 394, 397, 399.
Nordhoff, im Historischen Jahrbuche 1890. S. 290.

[50]) Dadurch erklärt sich auf dem Südufer der Lippe die rheinische,
ethnographisch ganz westfälische Scharte von Gartrop bis Dorsten und ebenso der Verband der Umgegend von Gummersbach mit dem rheinischen
Kirchenthum.

[51]) Crecelius a. O. 27, 265. Prockhaus, R. E. A¹⁴ V, 31. Vgl. auch
Wernefe a. O. 32, 50 ff. Ueber die Werdener Mundart Fr. Koch im
Programm des Königl. Gymnasiums zu Aachen. 1878/79. S. 4. Plath
wittert in den Bonner Jahrbb. (1894) 95, 140 an der untern Ruhr sogar Thüringer.

[52]) A. Meitzen, Boden und wirthschaftliche Verhältnisse des Preuß.
Staates. 1869. II, 132. Clemen a. O. 2. II, 73.

[53]) Bis Heinsberg an der Maas. Meitzen a. O. II 347. K. Lamp-
recht in der Bergischen Zeitschr. XVI, 191.

[54]) Im Bergischen und anderswo inmitten der Honschaften J. Fr.
Möller a. O. 59. Lacomblets Archiv I, 209 ff. 290 ff.

net man auf beiden Rheinufern und zu Werden mit Voll-
und Halbhöfen wie in Westfalen[55]); der Flachbau des Ackers
geht vom Rheinlande doch stetig schwächer bis auf das
Südufer der Lippe.[56])

Solche Gegenseitigkeiten begründeten von Alters her
hauptsächlich allerlei kirchliche, politische und Culturbezie-
hungen zwischen Westfalen und dem Rheinlande; dabei hat
Westfalen Vieles empfangen, es hat aber auch mit seinem
frühromanischen Bauvermögen,[57]) mit dem Bemwesen,
mit der Malerei,[57a]) mit dem Humanismus und dem
Volksschulwesen[58]) Manches zurückerstattet.

Getragen oder irgendwie vermittelt sind die sächsischen
Einflüsse der Urzeit vielleicht von den Hattuariern, deren
Spuren langehin im südwestlichen Westfalen und ebenso
auf beiden Flanken des Rheinstroms bemerkt wurden.[59])

Was hat schließlich unter den gegenseitigen Strö-
mungen zwischen Sachsen und Franken die Balance gehalten? Allein der Limes mit oder ohne die anliegenden
Naturwehren, so daß die westfälischen Lande und Bisthümer bis auf kleine Abweichungen gegen die bergischen
und rheinischen Gebiete ihre Eigenart wahrten und aus-
trugen bis auf den heutigen Tag. Denn von den beiderseitigen Gemeinschaften sind die jenseitigen mit andern
Eigenthümlichkeiten gemischt oder diesen untergeordnet; in
Westfalen sind sie Regel und durch die sonstigen Volks-

---

[55]) Evelt a. O. 23, 43.

[56]) Landau a. O. 1859 Beil. S. 18.

[57]) Vgl. Nordhoff in den Bonner Jahrbüchern 93, 122 ff; 53, 43 ff.
Ders. im Repertorium für Kunstwissenschaft. XII, 374, 385.

[57a]) Viele altwestfälische Tafelgemälde und Glocken am Niederrhein.

[58]) A. Kahle in der Festschrift des Gymnasiums zu Münster, 1898,
S. 75. Nordhoff in der Allgemeinen deutschen Biographie VIII, 241 s. v.
F. F. Fürstenberg.

[59]) Kampschulte Statistik S. 11 f. Crecelius a. O. 27, 262 f. 265.

züge kräftig hervorgehoben. Namentlich umspannt von Schermbeck bis zum Ostsaume des Fürstenthums Minden die
Grenze das Reich des Pumpernickels,[60]) also ungefähr die
Nordhälfte des Landes; denn südwärts ist er nurmehr zu
Hause im Ravensberger-, Delbrücker- und Münsterlande,
auf der reichen Südflanke der Lippe und auf der Haar
von Lippstadt bis über Werl hinaus.

Der Limes spielt, wofür man ihn im Osten des
Kreises Rees längst angesehen,[61]) nur insofern im Mittelalter eine Rolle, als er nun nicht als Grenzbezeichnung angelegt, sondern als solche „benutzt worden" ist; und so
konnte er hier schon den ersten Glaubensboten als confinium Francorum et Saxonum secus fluvium Isla[62])
vorliegen, wie später auf seiner ganzen Linie den beiden
großen Völkerstämmen.

Die stille, buckelige Grenzzone hält von Wenden bis
Barmen an Denkmälern bei Weitem den Vergleich nicht
aus mit der Strecke von Barmen bis Isselburg; an letzterer
mehren sich einheimische und auswärtige, große und kleine,
rohe und formvolle, schlichte und kostbare derart, daß hier
ein Eingehen auf örtliche oder sachliche Einzelheiten nicht
möglich ist.

Von Anholt bis Nordhorn

bestimmte zunächst noch die Issel und die gebogene Limes-
spitze die Grenze, so daß die Gemeinde Anholt, welche Bestandtheil der Münsterischen Grenzpfarre Bocholt war,[63])

---

⁶⁰) Vgl. Hüffer a. O. II, 273 ff.

⁶¹) Schneider a. O. II, 76 ff.

⁶²) Oben S. 10 N. 38. Altfridi vita s. Ludgeri I. c. 13. Saxones nostri,
quorum confinia non longe ab amne memorato (Hreno) distant. Translatio s. Liborii c. 29. Reg. II. W. I Nr. 102.

⁶³) v. Ledebur in seinem Archive IV, 41. Tibus a. O. S. 205 ff.

norbwestwärts wie ein Horn vorspringt.[64]) Einst war diese Unebenheit nicht vorhanden, weil ausgeglichen durch den jetzigen holländischen Südostwinkel, dessen Peripherie die Plätze Barssefeld, Zelhem, Hengelo, Borkulo, Reebe und Eibergen[65]) ausmachten. Und dieser war sächsisches Hamaland, seine Freistühle waren Zubehör des großen Gerichtsbezirks Borken,[66]) gerade wie einzelne Städte zugethan der Borkener Hansegrafschaft.[67]) Weiter gen Norden können nur im Einklange mit den Bodenzuständen die Bekehrungen zwischen Holland und Westfalen, die dort etwas früher datiren, wie hier, die Abgrenzung, welche heute noch besteht, begründet haben; durch politische und andere Einflüsse ist sie dann in gewissen Oedstrichen befestigt.

Daß auch die alten und neuen Grenzen noch lange schwankten und der genaueren Festlegung bedurften, bezeugen die Delineationen oder Limiten-Karten, so eine über die Streitmarken und Grenzscheiben zwischen holländisch Geldern und den Münsterischen Ämtern Bocholt und Ahaus von 1730, eine andere über die dort 1732 vom 6. bis 8. August vereinbarte Schnatlinie von den Geometern Offing-Münster und van den Heuvel-Geldern. Andere Aufnahmen der Jahre 1765, 1766, 1768 vom Geometer Claessen-Münster und dem Geldernschen Kartenmacher van Haffelt betrafen die 1765 10/10. zwischen Geldern und dem Hochstifte

---

[64]) Erhard l. c. I. p. IV und Kampschulte a. O. 21, 228 sind Elten oder noch weitere clevische Rheinstriche echt westfälischen Charakters — allein sie bekannten sich zu einem auswärtigen Rechte und Biethume. Tibus, Gau Leomerike 1877 S. 23, 30.)

[65]) v. Ledebur in Neuen Mittheilungen aus dem Gebiete histor.-antiquar. Forschungen (1843) 6. IV, 99, 103, wahrscheinlich auch mit dem Breder und Anholter Broeck. Tibus, Gründungsgeschichte S. 195 f. 1153 ff.

[66]) v. Ledebur in seinem Archiv X, 47. Tibus a. O. S. 317.

[67]) Lindner a. O. S. 7. Westfäl. Urk. Buch. Additamenta. Urkunde des 13. Jahrhunderts Nr. 114.

Münster getroffenen Grenzregulirungen auf der Westseite der Gemeinden Bocholt, Rhede, Süblohn und Breden. [68]) Die Herrschaft Weerth (bei Jsselburg) betrafen eine 1740 21/3. dem münsterischen Landtage präsentirte Aufnahme und eine zweite des Jahres 1768 vom münsterischen Geo= meter J. W. Claessen. [69])

Die Grenzbildung erfolgte in einer verlassenen, von der Natur nicht sonderlich markirten Mittelzone um so träger und unklarer, als die beiderseitige Bevölkerung man= cherlei Beziehungen zu einander hatte. Kam schon dem sächsischen Hamaland dieselbe chamavische Urbevölkerung wie dem fränkischen [70]) zu, so bezeigten die Sachsen wohl mit dem Schwerte in der Hand [71]) eine auffallende Theil= nahme an den Geschicken der Westnachbarn, [72]) zumal da sie (theilweise) auch die Drenthe [73]) besiedelt hatten. Über= all und zumal an der Ems boten die einförmige Natur, die Sprache und Sitte genug Übergänge zu den Nieder= landen [74]) und vorab hing die niedere Grafschaft Bentheim

---

[68]) Staats-Archiv Münster. Rep. 81. Mf. VII, 464.

[69]) Staats-Archiv Münster, Fürstenthum Münster. Repertor. 81. Rep. II. des Landes Archivs. A. p. 285. Eine Anzahl älterer Grenz= regulirungskarten finden sich nach Mittheilungen von Prof. Finke in dem fürstlichen Archiv in Anholt sowie im von Graes'schen Archiv auf Haus Diepenbrock bei Bocholt.

[70]) v. Ledebur in seinem Archiv VII, 219. R. Schröder in der Hi= storischen Zeitschrift 43, 54 ff. Tibus a. O. S. 170 f. 998. f.

[71]) Altfridi Vita s. Liudgeri I. c. 14.

[72]) Vgl. Hauck a. O. II. 322.

[73]) Der Drenthe-Gau ist nach Hauck a. O. II, 319 sächsisch, nach J. Wulf, Sanct Willehad 1889. S. 18 sächsisch-friesisch.

[74]) J. C. Möller Geschichte der Grafschaft Bentheim 1879 S. 3. 4. „Was aber die Bauerschaft Lutte betrifft, die wegen dort herrschender, alt= westfälischer Sitte besonders betont wird, so liegt diese zum Theil noch diesseits der Dinkel .... sie mag sich schon früh zur alten ... Kirche von Oldenzaal gehalten haben und dadurch vom sächsischen Gebiete abge= kommen sein." Tibus a. O. S. 174.

stets mit Utrecht zusammen. Sie wurde vom dortigen Bischofe zu Lehen getragen[75]) und war vermuthlich auch dessen Sprengel einverleibt.[76]) Holländische Deputirte erschienen als Vertreter hiesiger Besitzungen auf den Bentheimischen Landtagen, und umgekehrt hatte Bentheim wieder allerhand politische und private Beziehungen zu Utrecht.[77])

Überall bestand zwischen Westfalen und Holland ein lebhafter Verkehr,[76]) und dieser steigerte sich im späteren Mittelalter unter Geschäfts- und Kaufleuten, unter Mönchen, Fraterherrn, Künstlern, Humanisten und Buchdruckern. Auf sächsischen Eingebungen und Rückständen fußen in den östlichen Niederlanden der Einzelhof und das im Ganzen nach westfälischer Art angelegte Bauernhaus, ebenso wie einzelne Freistühle, die indeß bald das Schicksal aller nicht westfälischen traf.[78a]) Die Südtwenthe und die Umgegend von Deventer kann in der Sitte und Sprache die nahe Verwandtschaft mit Südwestfalen ebensowenig verleugnen, wie die Sprache der Nordtwenthe ihre Übereinstimmung mit dem Münsterischen Dialekt.[79]) Ein Dialekt-Forscher muß sich in betreff der westsächsischen Ortsnamen vom westfälischen Kernlande auch auf die einstigen Antheilgebiete verbreiten, vor allem auf den sächsischen Theil des Königreichs der Niederlande, also auf die Provinzen Drenthe, Over-yssel und einen Theil vom Gelderland, nämlich die Grafschaft Zütphen, die Umgegend von Deventer und die Veluve.[80])

---

[75]) Büsching a. O. VI 402.

[76]) v. Ledebur in seinem Archiv IV, 45. Tibus a. O. S. 189.

[77]) Büsching a. O. VI 397. Tibus a. O. S. 193.

[78]) Derselbe kommt hier im Zusammenhange zur Sprache, also auch mit Thatsachen, welche die folgende Strecke betreffen.

[78a]) Lindner a. O. S. 194 f.

[79]) Schreiben des Herrn Professors Dr. Gallée-Utrecht von 1891 30/6. Einschränkungen macht Tibus a. O. S. 174.

[80]) H. Jellinghaus, Die westfälischen Ortsnamen nach ihren Grundwörtern 1896 S. III. derf. in der Zeitschr. des Vereins für niederdeutsche Sprachforschung (1890) XV. 61 ff.

Neuenhaus in der niederen Grafschaft Bentheim theilt wie Bocholt und Breden mit den holländischen Nachbarn ein fränkisch-westfälisches Idiom. [81])

Dazu kamen, wie angedeutet, die meist charakterlosen Bodenverhältnisse der Mittelzone, ihre Heiden und Sümpfe (Bennen) die nur nach und nach zu Culturen einluden und die schwachen Besiedler langehin mehr trennten als verbanden; wie langsam und wie locker von beiden Seiten die Culturen vorschritten, bezeugen noch heute die Abnahme der Wohnstätten entgegen der Grenze und mit ihrem Namen sogar auf diesseitigem Grenzsaume die Ellewicker Mark zu Zwillbrock, die Eilermark und das Butenland zu Gronau.

Wenn eine solche Mittelzone bei der kirchlichen und politischen Organisation zunächst als allgemeine Scheide durchschlug, so hat sie sich in Folge der Culturen und anderer Maßnahmen immer mehr verengt und schließlich festgelegt. Thatsache ist, daß die kirchlichen und politischen Beziehungen jenseits der heutigen Grenze stets auf Utrecht, diesseits auf Münster hinwiesen. [82])

Möglicherweise griffen auch streckenweise alte Landwehren ein, die oft als Paßsperren zwischen Naturwehren hergestellt[83]) waren. [84]) So fallen auf der Westseite von Alstätte gegen Oelden und Enschede Langwälle in die Augen, der eine neben Lanwermann und Frankenmühle

---

[81]) Brockhaus R.-E. V, 33.

[82]) Tibus a. O. S. 187 f. 286, 894.

[83]) Vgl. H. Hartmann über die Schanzen bei Stift Lewern in der Zeitschr. für Niedersachsen 1869. S. 353 f. und in den Osnabrücker Mittheilungen XIV, 54.

[84]) Eine Landwehr geht zwischen der Bredener Bauerschaft Bennewick und dem holländischen Halsbergen nach Süden — über einen Nordlauf steht Nichts fest — gerade durch die Gemeinde Breden und bezeugt dadurch ihren vorgeschichtlichen Ursprung Fr. Tenhagen in der Westfäl. Zeitschr. 53, 96. ff. und Karte. Vgl. Tibus. a. O. S. 1215.

hart an der Landesgrenze, der andere am Zollamte bei
Lammers in der Nordflucht noch genau auf derselben. [85])
Von Driland folgen einander in Südwestrichtung auf
Thieke ein Erdwerk und ein Grenzdamm. An Alterthümern
lassen sich weiterhin nennen Kleinfunde zu Ellewick, Ameloe, Bennewick und zu Brinkhoek bei Allstätte, ein Erdwerk
und Urnen zu Driland, letztere und Grabenwerke zu Silbe-
haus und schließlich das seltene Goldgefäß zu Göllenkamp[85a])
im Bentheimischen.

Außer jenen Landwehren und den Grenzstrichen zu Zwillbrock und Gronau melden sich nur wenig Grenzmarken,
so im Norden von Ameloe die Stelle Hohelügt, [86]) zu
Alstätte zwei Bauerschaften, deren letzte Silbe „Hoek“ ist,
und vor der Grafschaft Bentheim das „Driland“; in der
Eilermark wiederholt sich die Ortsbezeichnung „Hohelügt“.
Das Alter der Grenze zwischen Gronau und Enschede be-
kräftigt mit seinem Namen der letztere Ort (Aneschebhe) selbst,
indem er „stets als Scheibe und Grenzort erklärt worden.“[87])
Was weiterhin die Obergrafschaft Bentheim anbelangt, so
schieden sie ebenso von Holland wie von dem Nordlande,
um sie Westfalen beizumessen, der Gau Bursibant, [88])
der Zusammenhang mit der abgerundeten Diöcese Münster[89])
und die Bauerschaften, welche nordwärts meistens den

[85]) Tenhagen a. O. 55. I, 54 ff. und Karte.

[85a]) Bei Neuenhaus. Katalog der Ausstellung prähistorischer und
anthropologischer Funde Deutschlands zu Berlin 1880. S. 595 ff.

[86]) Vgl. Nordhoff, Delbrücker Land S. 40. Nr. 3.

[87]) Districtus Twenthiae et Salland ultra Yselam versus West-
faliam. Urk. a. 1359. v. Ledebur in seinem Archiv X, 277 ff. Pagus Gore
(in Twenthe) nostrae Trajectensis dioecesis a Westfalia non longe
situatus in loco, ubi olim castrum episcopale fuerat constructum.
Tibus a. O. S. 175.

[88]) Reismann a. O. 47, I, 44 Nr. 4 gegen Tibus.

[89]) v. Ledebur in seinem Archiv IV, 44. Tibus a. O. S. 189, 901,
und Karte.

Dörfern weichen.[90]). Ob die Sylbe „Bent" in Bentheim
etwa = Band, Reif eine Grenzbezeichnung enthält,[91]) bleibt
fraglich, indem die dafür angezogenen Belege dem frän=
kischen Jdiom entlehnt sind und hierin das Wort Band
charakteristisch für Wiese ist.[92]) Dagegen bedeutet das Wort
Horn in Orts=, Flur= und Hofnamen überall einen Winkel
beziehungsweise eine Mittellage[93]), und das trifft um so
mehr für den bentheimischen Platz Norbhorn zu, als hier
die Grenzen von drei Bisthümern[94]) und verschiedenen
Landschaften zusammenstießen.[95]) Jm Kirchspiele lag das
Kloster Frenswege in finibus Westphaliae et Twentiae.[96])

Provinz Hannover. Großherzogthum Oldenburg.

Von Norbhorn bis Diepholz

hält die Grenze gegen Holland und Friesland im Ganzen
bis auf einen Landstrich die heutige Landesscheide bis
ins Oldenburgische hinein; die Bevölkerung, die sie ur=
sprünglich einschloß, war gemischt; nicht nur, daß die Nieder=
grafschaft Bentheim die erwähnten Verbindungen mit den
Niederlanden hatte, in das eigentliche Norbland waren auch
Friesen versprengt, so namentlich im Westerwolbinger Land

---

[90]) Kindlinger a. O. I 5. Ueber Anzeichen eines Freistuhls zu Schüt=
torf Lindner a. O. S. 182, 334. Der Stuhl zu Norbhorn ist ein Ver=
sehen von Tibus a. O. S. 191.

[91]) Nach R. Wilmans, Kaiser-Urkunden der Provinz Westfalen I, 53.
und Tibus a. O. S. 189, 291.

[92]) Erecelius a. O. 27, 264 f.

[93]) Norbhoff Delbrücker Land S. 7 N. 1.

[94]) Gfrörer, Papst Gregor VII. 1859 I, 130.

[95]) „An diesem Orte merket man schon stark, daß man den nieder=
ländischen Provinzen nahe sei." Büsching a. O. VI, 404.

[96]) Ad an. 1394. J. H. Jung, Histor. comit. Benthem. Accedit
codex diplom. 1773 p. 267 v. Ledebur, Bructerer S. 20. N. 101, 27.
N. 163.

unb auf bem Hümmling.[1]) Unb ba hier noch bas Heiben-
thum ein zähes Dasein friſtete, ſo konnte bie Kirche erſt
ſpät auf eine Verſchmelzung ber Inſaſſen einwirken. Die
Bekehrung wurbe von ben corveyer Mönchen burchgeführt[2])
unb bas Lanb mit ber Diöcεſe Osnabrück verbunben.[3])
Es kannte zu Aſchenborf ein Vemgericht[4]) unb neben
ben Bauerſchaften[5]) auch Dörfer wie weiterhin bas Min-
benſche; jene ſinb bie Grunblage, bieſe ſpätere Ablöſungen
unb meiſtens um Kirchſtätten entſtanben.[6])

Das zumeiſt gegen bie Nieberlanbe vorgeſchobene
Weſterwolbinger Lanb ſetzt ſeinem Namen gemäß ein
Seitenſtück im (ſächſiſchen) Oſten voraus. Hier wie bort
war Osnabrücker Bisthum. Kurzum bas Norblanb einte
ſich allmälig im ſächſiſchen Volksthume, im kirchlichen Banbe
unb ſpäter auch in ber Oberhoheit Münſters.[7])

Ganz weſentlich leiſtete bieſer Einheit unb bemgemäß
ber Abgeſchloſſenheit gegen Hollanb unb Frieslanb bie
Bobenbeſchaffenheit Vorſchub; benn hiergegen unb gegen
Olbenburg zogen Waſſerläufe auf unb ungemein mächtige
Sumpfzonen: zumal bas Bourtanger Moor, ber Twiſt
unb bie Engber Wüſte. Auch verengte unb verſchärfte ſich

---

[1]) Diepenbrock a. O. S. 16, 42, 106, 168. Reismann a. O. 47. I,
46. erſcheinen auch Burſibant unb Bentheim zweifellos (?) frieſiſch.

[2]) Norbhoff im hiſtoriſchen Jahrbuche 1890. S. 296.

[3]) v. Lebebur in ſeinem Archiv VII, 195, 198. Philippi, Ueber bas
Archibiakonat Frieslanb in ben Osnabr. Mittheilungen XVI, 235. Die
Pfarreien bei Böttger a. O. II, 4, 5. Ueber bie Gaue vgl. Diepenbrock
a O. S. 107, 174, 221 ff. Reismann a. O. 47. I, 50.

[4]) Diepenbrock a. O. S. 685.

[5]) Linbner a. O. S. 182.

[6]) Außer ben Schafſtällen kommen keine Einzel-Rotten mehr vor;
bieſe unb bie Heuerhäuſer ſchließen ſich an bie Hofbörfer ober bie ver-
einzelten Bauernhöfe. (Vgl. Norbhoff, Haus, Hof, . . . S. 6 f.) unb
Guthe a. O. S. 192.

[7]) Reismann a. O. 47 I, 45.

nach und nach unter den Culturen und Besiedelungen die
Naturscheide, so zerrissen, breit und zackig sie auch war,
und die Sachsen faßten mehr und mehr Fuß auf festem
und trockenem Boden[8]), so daß mit der Zeit ihr Wesen
namentlich gegen Friesland abstach; ähnlich wie die kalten
Höhen und Thäler des Sauerlandes nährten die sandigen
Flächen des Norblandes einen Menschenschlag groß an Ge-
stalt, anspruchslos in der Lebensart, und fröhlich im Geist;
wenn es auf Kunstbauten ankam, genügten auch hier meistens ländliche Stilformen, daher eblere Bildungen aus der
reicheren und lebhafteren Landesmitte stammten[9]), jenseits
der Grenze der flache Ackerbau und das friesische Haus,[10])
diesseits bis auf einzelne Ausnahmen[11]) das entwickelte
westfälische Haus[12]) und auf beiden Grenzseiten stellenweise noch örtliche Trachten.

---

[8]) . . . Ex hiis omnibus apparet, quod Frisones antiquitus dicti
sunt Saxones. Siquidem Frisia sic situata est in paludibus . . . sed
Saxones nunc manent in terra solida et sicca. Ex historia Saxonum
apud Henric. de Herfordia. l. c. p. 6.

[9]) Die von den niebern ober friesischen Gegenden wohl wieder um
1200 den Ziegelstein entlehnt hat. Nordhoff in Bonner Jahrbüchern 88,
223. das. 93, 128 N. 3. Derf. in der Allgemeinen Zeitung 1883 Beil.
Nr. 325.

[10]) In unserer Zeit rückt das friesische Haus mehr und mehr über
die Grenze. Vgl. Guthe a. O. S. 44

[11]) Henning a. O. XLVII, 39 ff, 131 f. O. Lasius, Das friesische
Bauernhaus in den (Straßburger) Quellen und Forschungen (1885) LV,
I, 1 ff.

[12]) Gegenüber dem bekannten und unbekannten auf ganz Westfalen
ausgedehnten Gespött, wozu die einsamen unwirthlichen Gegenden seit
Jahrhunderten den Ausländern dienten, (vgl. Blätter zur nähern Kunde
Westfalens (1866) IV, 36 XIII, 3 ff. Hüffer a. O. II, 274 ff.) ver-
standen tiefere Seelen, wie Annette v. Droste, die erhabene Poesie, welche
die endlosen Heiden athmen. Vgl. L. Schücking im Malerischen und Ro-
mantischen Westfalen. 1872 A² S. 164 ff.

Ein gewiſſes Durcheinander der Einwohner und Nachbarn
hielt ſich in den Grenzgebieten noch mehrfach; es erſtanden vielleicht in Folge ſpäterer Bekehrungen ſogar noch frieſiſche Dörfer
auf ſächſiſchem Boden [13]), und gegenſeits erklangen ſächſiſche
Sprachlaute im Rheiderlande, [14]) kurzum, es konnte nicht
fehlen, daß einzelne Grenzſtriche [15]) und Ortſchaften
oder deren Hoheit wiederholt zu Gebrechen und Mängeln
zwiſchen den beiderſeitigen Anwohnern Anlaß gaben. Auch
Papenburg war ſtrittig und ſpäter erſt anerkannter Grenzort Weſtfalens. [16]) Im Jahre 1738 wurde im Münſteriſchen Auftrage eine Limiten-Karte des Emslandes vom
Geometer Bertling angefertigt. [17])

Einen bedeutenden Verluſt, der Holland zu Gute ge-
kommen iſt, erlitt Weſtfalen und der deutſche Boden am
Weſterwoldinger Lande; [18]) es erſtreckte ſich auf dem äußerſten
Weſtſtriche des Emslandes weſtwärts über die Ufer der
Ruiten- und Muſſel-Aa ins Niederländiſche und umfaßte
fünf (Osnabrückiſche) Kirchſpiele. [19]) — Auf der Oſtſeite von
Friesland machte die Grenze weiterhin plötzlich einen kurzen
Zug nach Norden mit dem Weſtermoore, um das von dieſem
und dem Oſtermoore eingeteilte Saterland [20]) trotz ſeiner

---

[13]) v. Richthofen a. O. 2, II, 1272, 1288, 1292.

[14]) Brockhaus. R. E. V. 33.

[15]) Z. B. zwiſchen Diele und Bruale. Vgl. Diepenbrock a. O. S. 305
und die Urkunde von 1463. daſ. S. 684. Hier lag die alte Grenze nach
A. Papens ausführlicher Karte des Königreichs Hannover 1832/47 etwas
ſüdlicher, als die heutige. Vgl. über das Weſterwoldinger Land Hobbeling a. O. S. 125.

[16]) Diepenbrock a. O. S. 535, 227.

[17]) Staats-Archiv Münſter. Repertor. 81.

[18]) Hobbeling a. O. S. 1 ff. Kindlinger a. O. II S. 318. Diepenbrock a. O. S. 277.

[19]) v. Ledebur, Die fünf Münſteriſchen Gaue und die ſieben See-
lande Frieslands. 1836. S. 26 und Karte.

friesischen Beimischungen[21]) und zwar als eine halbe Re-
publik in die Geschichte Westfalens zu verflechten, und
schloß hier mit der Leda ab.[22]) Als Scheibe oder vielmehr als Nordlinie des sächsischen Lerigaues wirkte dann
von Mooren eingefaßt die Aue und, wie sie im östlichen
Laufe heißt, die Lehne bis ungefähr bei Süd Ebewecht, von
hier der Nordsaum des Lehner Moores etwa über die
Warbenburg der Hunte entlang bis Diepholz.[23]) Die Linie
umfaßt hier auch die Diöcese Osnabrück und bis auf das
etwa abweichende Saterland rein westfälisches Wesen; ein-
wärts erhob sich an ihr auch ein Freistuhl, jener zu Golden-
stedt.[24]) Da ihr Lauf in gewissen Strichen lange
zwischen dem Hochstift Münster und der Grafschaft Oldenburg schwankte, ließ das erstere 1755 (von Theelen) und
die letztere im selben Jahre eine Karte darüber anlegen.

Als Grenzmale begegnen uns von Nordhorn an, zumal da die Natur so reichlich für die Grenzwehr gesorgt
hatte, verhältnißmäßig wenige Punkte: so auf der einen
oder andern Seite,[25]) vielleicht Dube Schans bei Winschoten,
Butenborg, nördlich von Neuenhaus, Papenburg[26]) und

---

[20]) Ueber das Saterland und die Grenze S. L. Niemann, Das Oldenburgische Münsterland (1889) S. 165, 33. Sello a. O. . . vgl. Reismann a. O. 47. I, 46 f.

[21]) Z. B. die sprachlichen bei J. Minsen im friesischen Archiv I
169 ff. Vgl. Sello a. O.

[22]) Waitz a. O. V, 185.

[23]) Nach H. Grote, Münzstudien III, 65 auch die Oldenburg. Graf
Egilmar von Oldenburg nennt sich 1108 Comes in confinio Saxoniae
et Frisiae. Urkunde bei J. Möser, Osnabrückische Geschichte 1780. II.
Nr. 47.

[24]) Und Essen? Lindner a. O. S. 181.

[25]) Ursprünglich in Morästen angelegt gleichwie das „Drecklot"
Rietberg.

[26]) Vgl. Diepenbrock a. O. S. 227.

jebenfalls gegenüber Rütenbrock der Ort Roswinkel; sobann im Norden vom Saterlande das Bergener Hamm-
rich²⁷) und östlich davon Scharrel, im Oldenburgischen
jenseits der Grenzlinie Kl. Scharrel, Oldenburg, Ostern-
burg, Rinderhagen, Burgdorp und Welsborg, diesseits Warbenburg, Wetterborg und Ahlhorn.

Auf einer Grenzzone von Niederungen und Moraſt
konnten ältere Spuren menſchlichen Schaffens, wie ſie das
Landesinnere in ſo hervorragendem Maaße aufweiſt, kaum
vorkommen, und nur wo trockene Erbzungen gegen ſie vor-
ſpringen, haben ſie Theil an den kleinen und großen Alterthümern, ſelbſt an den gewaltigen Steindenkmälern — ſo
auf dem Hümmling und in der Umgegend von Wildeshauſen.

Provinz Hannover und Weſtfalen.
Von Diepholz bis Schlüſſelburg.

Fortan gilt unſere Umſchau wieder den Engern und
zunächſt ihrer Grenze gegen Weſtſachſen (occidentalis
Saxonia): ſo hieß ja das große Landgebiet um Bremen,
Barbowiek und Lüneburg. ²⁸) Die Grafſchaft Diepholz
neigte, wie es ſcheint, im Weſttheile ſtets zu Weſtfalen;
ſie galt von Alters her als weſtfäliſches Land, ²⁹) wie denn
auch heute noch ihre Hauptſtadt den Grenzpunkt einer
weſtfäliſchen Mundart bildet, ³⁰) und unterſtand theilweiſe
dem Bisthum Osnabrück. ³¹) Ihr naſſer Boden war gewiß

---

²⁷) Im Kirchſpiel Arkel, Grafſchaft Bentheim die Bauerſchaften Bat-
horn und (an der Grenze) Scheerborn, gegenüber im Kirchſpiel Coevorden
de Scheer (Hans an der Grenze) und ſcheerenholtener Been. Böttger a. O.
III, 327. Im Süden davon Drey Schlot im Nordweſten Landwehr =
Deich.
²⁸) Oben S. 18 Grauert a. O. S. 33 N. 1.
²⁹) Rolevinck l. c. I. c. 1.
³⁰) Brockhaus. R. E. V, 33.
³¹) Böttger a. O. II, 10 ff. Philippi a. O. XIV. 234.

lange genießen, spät und langsam besiedelt, jedoch wie
zu einer Grenzwehr geschaffen.

Die trockene Landzunge zwischen dem Dümmer See
und dem Stemmer Moore, welche nach Merian einen
„fürnehmen Paß[32])" durchließ, bezeichnen Grabalterthümer[33])
und bewehren überdieß noch künstliche Erdwerke bis
Twistringen[34]). Dieser Ort, dessen Name wahrscheinlich
eine Scheide bedeutet, bezeichnet wohl mit Neuenkirchen,
Heiligenloh und Collenrade, die sich als Mindener Pfarreien zwischen die Diöcesen Osnabrück und Bremen ein-
schieben,[35]) sicher westfälisches Land;[36]) anzuschließen sind,
theils der Lage, theils der lebendigen Tradition nach die
alten Aemter Auburg und Freudenberg, zumal sie beide
Pertinenzien der Grafschaft Schaumburg[37]) waren.[38])

Von Lemförde zieht fast auf dem Saume der west-
fälischen Provinz im Norden von Rhaden auf Stolzenau[39])
an die Weser eine breite Zone historischer Eigenthümlich-
keiten, die die ethnographische Scheide, welche sich mit der
Zeit in Engern herausgestellt hatte,[40]) ausdrücken mögen.
Auf ihr begegneten einander die Gebietsansprüche der
Grafen von Hoya und der Bischöfe von Minden, und den
Eingang in dies Stift verkündet, wie man glaubt, die

---

[32]) Müller in der Zeitschrift für Niedersachsen 1870. S. 385, 392 f.
Südwärts querten ihn die Schanzen bei Stift Levern. Hartmann in der
Zeitschr. für Niedersachsen 1869. S. 353 ff.

[33]) Vgl. S. 36.

[34]) Auch die Ortsnamen Hagenwede und Erenburg.

[35]) Pöttger a. O. IV Diöcejankarte. Hölscher a. O. 33 II, 60. 62.

[36]) Ueber die oberherrlichen Streitigkeiten um Harpstedte vgl. Hobbeling a. O. S. 127, 92.

[37]) Busching a. O. VI, 373.

[38]) Oben S. 24.

[39]) Ueber die hiesige Urneustätte K. Daeves in Westphalen und Rheinland 1824 S. 25.

[40]) Oben S. 22.

Schlüsselburg mit ihrem Namen.[41]) Hier lag eine Reihe Mindener Freigraffschaften,[42]) die mit der Veme Nichts zu thun hatten[43]) und vollends macht sich hier in der Moor-gegend von Petershagen ein Wandel in den Volkstrachten[44]) und ebenso in charakteristischen Hauszierben[45]) geltend. Die Zone hatte im Norden eine natürliche Rücklage an dem großen Moore und andern Sümpfen,[46]) auch einen gewissen Halt an einer einwalligen Landwehr, die bei Schlüsselburg an beiden Flußseiten in „den alten Linien" bemerkt ist, und von dort wahrscheinlich über Warmsen, Diepenau und Rhaden, von hieraus durch Steindenkmäler und andere merkwürdige Alterthümer[47]) hinburch gen Westen strich.[48]) Da sie indeß die Enteregowe und ebenso ein Archibiakonat,[49]) also ursprüngliches Engernland in der Mitte durchschneidet,[49ª]) so daß die eine Hälfte ihrem Süden,

---

[41]) H. Gabe in der Zeitschr. für Niedersachsen 1870. S. 257, 252. Vgl. über andere Grenzburgen Guthe a. O. S. 137.

[42]) „Das Gebiet der Grafschaften erstreckte sich etwa vom Dümmer See bis an die Weser bei Stolzenau." Lindner S. 189.

[43]) W. Schroeder im Gymnasial-Programm Minden 1890. S. 15.

[44]) Näheres bei R. Wagener im Correspondenz-Blatte für Anthro-pologie, Ethnographie und Urgeschichte (1887) XVIII, 40.

[45]) K. Brandi, Stammesgrenzen zwischen Weser und Ems in den Osnabrück. Mittheilungen 1893. XVIII.

[46]) Vgl. F. L. Bömers, Campus Jdisiavisus 1866. S. 34.

[47]) Fr. Stohlmann, Erinnerungen aus Mindens Geschichte 1834 S. 89, 106. Ueber die Kleinfunde ein Bericht des Auctions-Commissars Grupen zu Wehdem von 1890 23/3. Vgl. Nordhoff, Das Westfalen-Land und die urgeschichtliche Anthropologie 1890. S. 29, 30.

[48]) Bömers a. O. S. 39, 56. Müller a. O. 1870. S. 369, 379, 381, 385. Von Twiehausen meldet sich über Rahden, Diepenau auf Petershagen auch ein alter Weg. Hartmann in Osnabrück. Mittheilungen XVIII, 312.

[49]) Vgl. Holscher a. O. 35. II, 1 f., 24 f. und Karte.

[49ª]) Und doch ergoß sich ohne erhebliche Gegenwirkung bis ins späte Mittelalter ein voller Strom von Künsten nach dem Norden (Bremen, Hamburg, Mecklenburg) wie nach dem Osten zunächst von Corvei, dann

die andere dem Norden bleibt, und diesem auf beiden Flußseiten noch Spuren von Freigrafschaften und Freistühlen zukommen,[50]) so mag die Bevölkerung im Norden jener im Süden zwar verwandt, aber nicht gleichartig gewesen und, zumal bei loser Besiedelung, auf unwirthlichem Boden mit der Zeit immer weiter vom Südengerulthum abgeartet sein. Der Fall, daß ein Gau entfernt verwandte Stämme vereinte, liegt sogar in dem dichter besiedelten Draingau vor, insofern dieser im Westen die Bructerer, im Osten die kleinen Bructerer umschlang.[51])

Von Schlüsselburg bis Schaumburg.

Die Schanzen, die in Rede kamen, treffen wir auf dem rechten Ufer wieder, doch liegt die Stammesgrenze hier (jetzt) etwas südlicher, etwa auf dem Saume des Regierungs-Bezirkes Minden oder des Untergaues Scapuelbun.[53]) „Die Angrivarier scheinen eine starke Stunde nördlich von Minden das andere (rechte) Ufer des Stromes besetzt und innerhalb eines weiten Bogens, bezeichnet durch die Dörfer Lahbe, Quetzen,[54]) Bierde, Raderhorst, Ilserheide, Klanhorst, Neuenknick und Seelenfeld, sich niedergelassen

von mehreren Städten der Landesmitte (Nordhoff im Repertor. für Kunstwissenschaft XII, 376 ff., und in den Bonner Jahrbüchern 67, 94 ff, 97; 88, 222; 90, 88, 100.) In der Altmark sind, wie glaubhaft versichert wird, noch Glocken von Johan Volker aus Münster (c. 1485) in Gebrauch.

[50]) Lindner a. O. S. 187 ff. 182 N. 4.

[51]) In ihrem Gebiete (Vgl. Nordhoff in der Zeitschr. für Preußische Geschichte und Landeskunde (1883) XX, 195 ff. und die Verbesserungen in der Westfäl. Zeitschr. 53, 310) lag Lieeborn . . . in pago Dreni ac in comitatu Hermanni comitis, (Urk. von 1019 bei Erhard Cod. dipl. Westphaliae I N. 97) so daß also sein Gebiet hier nordwärts über die Lippe ging. Seiberz a. O. S. 40, 46, 8.)

[53]) Holscher a. O. 35. II, 25. Lindner a. O. S. 190.

[54]) Hier heißt der Nachbarort im Südwesten bei Einigen Marsloh, bei den Meisten Maßloh. Bömers a. O. S. 19.

zu haben; denn noch heute glaubt man, wenn man die ge-
nannte Linie überschreitet, in ein anderes Land, zu anderen
Menschen zu gelangen; so verschieden ist hier Alles nach
Tracht,[55]) Sprache, Sitten und Gebräuchen, nicht weniger
aber auch nach Körpergestalt und Charakteranlage.[56])" An der
Grenzbildung ist jenes alte Dammwerk, welches von hier[57])
durch die Gegend von Rehburg durch das Meer- und
Streitbruch auf das Steinhuder[58]) Meer zieht, höchstens
bei Schlüsselburg betheiligt; denn über seine Mitte
schlägt südwärts das westfälische Element bis Raderhorst
hinaus, die Anlage fußt also, zumal ihr Bereich mit vor-
christlichen Alterthümern besäet ist,[59]) deutlich auf älteren,
als rein sächsischen Verhältnissen.

Auf diesen Grenzsaum setzte in der Richtung über
Raderhorst durch den Süden des Steinhuder-Meeres eine
andere Völkerscheibe, die sich mit dem Nordwestsaume der
Grafschaft Schaumburg deckt und zwar ist die Linie bezeichnet durch den Rand des Schaumburger Waldes, die
„Landwehr",[60]) und die Ortschaften Sachsenhagen, Alten-
hagen, Hagenburg und Wunstorf, wo man auch „Spuren
eines großen Lagers" gewahrt haben[61]) will. Hier[62]) im

---

[55]) Ihre Ausbreitung nach Südosten und Südwesten (bis Herford)
Wagener a. O. XVIII, 40. Brandi a. O. XVIII, 5.

[56]) W. Fricke, Porta Westfalica 1896. S. 17 f.

[57]) Oben S. 67 v. Alten in der Zeitschr. für Niedersachsen 1860
S. 48 f. Gezeichnet von L. Hölzermann, a. O. Uebersichts-Karte A.

[58]) Er heißt bei Winzlar Imborgsdamm; F. W. Schmidt in der
Westfäl. Zeitschr. 20, 205. Auf einer Flanke nennen die Karten eine „Düssel-
burg". Müller in der Zeitschr. für Niedersachsen 1870. S. 379, 381.

[59]) Müller a. O. 1870. S. 382.

[60]) Ueber die Grenzverhältnisse von Alten a. O. 1860. S. 52. Fricke
Feldzüge S. 59, 62.

[61]) Fricke, Feldzüge S. 70. Müller benennt a. O. 1870. S. 408
im Süden von Wunstorf eine Schanze. Vgl. über „Pfahlsberg wegen
der Grenzpfähle" von Alten a. O. 1860. S. 49.

[62]) Brandi a. O. XVIII 6. Taf.

Weſten, Süden und Oſten des Steinhuber-Meeres erhielt
ſich auch ein gemiſchter Dialekt, der gegen das Schaum-
burgiſche abſchneidet, [63]) und da ſich im Norden von Berg-
kirchen, Steinhube und Wunstorf als Theile oder Filialen
dieſer Plätze die Pfarreien Heidorn, Winzlar, Bordenau,
ſogar Poggenhagen darſtellen, [64]) ſo iſt deutlich ihre Be-
ſiedelung und Chriſtianiſirung von jenen ausgegangen.

Verſchiedene Gebiete.
Von Schaumburg bis Sachſenhauſen.

Weiter der Scheide des Volkes nachzugehen iſt zweck-
los, da vorerſt die Grafſchaft Schaumburg, [1]) ſeit der Kreiseintheilung mit ihrem Oſt- und Südſaume die Landesgrenze abgibt; umſomehr müßte es überraſchen, wenn dieſe
hier wegen des (Oſt) Süntels und der hohen Egge wieder
mit einer uralten Stammesſcheibe harmonirte. [2])

Die große Bedeutung, welche einſt die Weſer hatte, [3])
bewegt uns, ſie ſüdwärts, obwohl braunſchweigiſche Zipfel
auf ihre Weſtufer ſchlagen, bis zum Auga [4]) für die Landesgrenze zu erklären; dieſe läuft dann bei dem Anſehen,
welches die Diözeſe Paderborn im Herzogthum Weſtfalen
genoß, [5]) in deren Oſtgrenze und zwar zunächſt jenſeits

---

[63]) Babuke in der Zeitſchr. für deutſche Philologie. (1885). XIII, 490.
Die einſt überall Weſtfalen zugeſchriebene Grafſchaft Spiegelberg liegt im
Hildesheim'ſchen, alſo nicht mehr auf Engernboden. Vgl. Büſching a. O.
IX. 231, VI, 457 f. Pöttger a. O. II, 70. Lünzel, Aeltere Diözeſe S. 43.

[64]) Holſcher a. O. 34. II 79, 80.

[1]) Davon ſind ſpäter noch die Aemter Lauenau, Bockeloh und Mes-
merode zum Herzogthum Braunſchweig-Lüneburg geſchlagen. Büſching a.
O. VI, 359.

[2]) Vgl. Deppe a. O. 89, 94.

[3]) Oben S. 24.

[4]) Wigand, Corvey'ſche Güterbeſitz 1831. Karte, Roſenkranz a. O.
XII, 43.

[5]) Oben S. 21 f.

der Weser vom Forstbache oder von Negenborn aus über den Solling, westlich neben Schönhagen hin, bis zur Nordwestschwenkung des Flußes auf Bodenfelbe, um dieses einzuschließen, dann die Diemel aufwärts bis zum Einfluße der Twiste und diese, welche bei Welba ins Heſſiſche tritt, aufwärts bis zum Einfluße der Watter; dieser folgt sie — vom Tentenberge an im Waldeck'schen — bis zur Quelle und ersteigt endlich den Schiebenscheib[6]) gegen Sachsenhausen, wo sie ihren Kreislauf beendet.[7]) Daß sie im früheren Striche irgendwo, wie hier, die Kirchengrenze überschritten habe, um sich die Volksscheide zu suchen, dafür liegen keine Anzeichen vor, obwohl ja gerade jenseits der Diemel niederdeutsche Eigenthümlichkeiten[8]) und diesseits fränkische Einflüsse[9]) mächtig nachleben. Als westfälischer Punkt ist zwar Helmershausen[10]) in Heſſen bezeugt, allein der diesseitige Uferstrich der Diemel zählte bis 1597 noch zum Paderborner Lande. Damals wurde die hiesige Grenze „so bestimmt, wie sie noch jetzt besteht."[11])

Die Schlußstrecke charakterisiren allerhand Grenzmale und vorwiegend auf westfälischer Seite, zunächst Schaumburg, dann Homburg und Everstein, das vielgenannte Herstelle[12]) (Hariſtalli, Heriſtelli), ein ebenso wichtiger Punkt

---

[6]) Näheres bei Holscher a. O. 37 II. 15, 17, 38.

[7]) Oben S. 40. Vgl. auch bei Rosenkranz a. O. (1851) XII die allerdings noch fehlerhafte Karte.

[8]) Oben S. 39.

[9]) In gelehrten und künstlerischen Angelegenheiten z. B. von Marburg und Cassel bis ins 18. Jahrhundert; erwiedert sind sie einigermaßen mit dem herrlichen Tafelgemälde von Conrad von Soeſt zu Wildungen nach 1400 (Nordhoff in Bonner Jahrbüchern 67, 129) und mehreren Werken von Anton Eisenhuth.

[10]) Oben S. 23. N. 25.

[11]) G. J. Peſſen, Geschichte des Bisthums Paderborn. 1820. II, 99. Rosenkranz a. O. XII, 17, 33.

[12]) Ueber Peckelsheim kam der alte Haarweg. (Fr. Hülsenbeck, Das römische Caſtell Aliso. 1873. S. 175, von Oertinghausen und ebenso von

in den Römer- wie in den Sachsenkriegen inmitten der
Hasselburg, Hünengräben [13]) und Krukenburg, [14]) ferner
die „Burg" bei Deiſſel [15]) Trennelburg, Mubbenhagen [16])
und Ellenthals-Berg bei Lamerden, Königsberg bei Oſt-
heim, Daſeburg, Eckenſtein, die Högte, der Rat-ick Berg,
Klingenburg, Rothenburg, der Deſenberg, [17]) Warburg, [18])
Wittmer Wald bei Welba, Kugelsberg bei Volkmarſen,
Wetterburg bei Arolſen, „auf dem langen Walde", „am
Lingenſtein," Schierenkopf, Freyenhagen [19]) und Höhn-
ſcheib, Schiebenſcheib im Norden, Haberſcheib im Süden
von Sachſenhauſen, Obernburg und Marienhagen, (Bier-
munden) [20]) und Sachſenberg. Beſonders auffallend iſt, daß
Schaumburg und namentlich Homburg und Everſtein [21])
ſich gleichſam wie Hochwarten [22]) theils gegen das Weſer-
thal, theils gegen das Hildesheim'ſche Oſtfalen [23]) erheben.
Von ſonſtigen Grenzmalen beanſpruchen die kleinen und

Neuhaus eine Römerſtraße. C. Mertens in den Weſtfäl. Geſchichtsblättern
1895. S. 64.

[13]) Hölzermann, Ueberſichtskarte A.

[14]) Landau, Geſchichte der Burg Krukenberg bei Helmershauſen in
der Zeitſchr. für Heſſiſche Geſchichte (1850) V, 245 ff.

[15]) Im Weſten die Flur „auf dem Lammert."

[16]) Im Oſten die Höhe „auf der Warte."

[17]) Vgl. Nordhoff, Holz- und Steinbau Weſtfalens, S. 170, 224 f.,
235 ff. 292.

[18]) Warthbergi, id est, montis specula. F. do Fürstenberg l. c.
p. 159.

[19]) Deutung bei Nordhoff, Delbrücker Land S. 16. N. 1.

[20]) Mund-Schutz(-wehr) Tibus, Gau Leomerike S. 57.

[21]) Vgl. Wigand a. O. S. 187, 196. Holſcher a. O. 37. II, 11, 15.

[22]) Vgl. über die vielen Wehren und Burgen des Döning gegen die
Senne Nordhoff, a. O. S. 38 f.

[23]) H. A. Lüntzel, Geſchichte der Stadt und Diözeſe Hildesheim 1858
I, 5. Auch oſtwärts fallen an der Haller und beſonders auf ihrer Süd-
ſeite (gegen Oſtfalen) die Ortsnamen mit „hagen," die Schanzen und
ſonſtige alte Befeſtigungen auf.

monumentalen Werke von Sachsenberg bis Külte[24]) in ihrer Art keinen geringeren Werth, als die silbernen und goldenen Römermünzen[25]) von Warburg, Dalheim, Bühne und Herstelle.[26])

[24]) H. Genthe im Gymnasial-Programm Corbach. 1877 S. 17 ff. 23 ff.

[25]) Nachgewiesen von Curtze a. O. S. 296 N. 1 in Wigand's Archiv II. 215; im Westfäl. Merkur 1884 Nr. 281.

[26]) Auch der Name Helmershausen (Helmwardeshusen) schmeckt nach einer Wehr. Das dortige Kloster gehört also unserem Vaterlande und hatte als Grenznachbarn auf Engerboden die Klöster Bursfelde und Lippolds-berg — drei bedeutsame Stätten. Daß letzteres und das Kloster Gehrden so formverwandte Gotteshäuser des romanischen Stiles besaßen, (W. Lübke, Mittelalterliche Kunst in Westfalen S. 93, 95) ist nun wohl erklärlich. Von Bursfelde ging um 1450 die heilsame und nothwendige Reform der Benediktinerklöster aus (Evelt in der Westfäl. Zeitschr. 25, 138), und wahrscheinlich wurde in Helmershausen gegen 1100 die berühmte kunst-theoretische Schrift des Theophilus, Diversarum artium schedula verfaßt. A. Ilg in Eitelberger's Quellenschriften für Kunstgeschichte. VII p. XLIII.

Nachtrag.

Zu S. 28. Secunda (urbs) a Monasterio Westfalicarum est Susatum, Soest, Ph. Cluveri († 1623) Introductio in universam Geographiam. 1641. p. 84.

www.ingramcontent.com/pod-product-compliance
Lightning Source LLC
Chambersburg PA
CBHW020233090426
42735CB00010B/1676